Plenamente

TÚ

DESCUBRE EL SUEÑO QUE DIOS TIENE PARA TI

Traducido por Ana Lorena de Lange

MATTHEW KELLY

BEACON PUBLISHING

North Palm Beach, Florida

```
B
E
A
C
O
N
```

PLENAMENTE TÚ

Tapa blanda ISBN-978-1-63582-021-8
Libro digital ISBN-978-1-63582-028-7

Diseñado por Madeline Harris

Esta edición es publicada exclusivamente para
Dynamic Catholic y no para reventa.

La primera impresión, octubre 2017

Impreso en los Estados Unidos de América

Contenidos

POR DÉCADAS NOS HAN DICHO QUE VIVIMOS EN una sociedad de consumo. Creo que la mayoría de las personas concuerdan con esta afirmación; sin embargo, yo me planteo algunas preguntas. ¿Somos aún los consumidores o estamos siendo consumidos? ¿Hemos perdido algo de nosotros mismos en este consumismo desenfrenado? ¿Y tenemos posibilidades de recobrarlo?

Miro a mi alrededor y parece que todo tiene una marca. En efecto, la proliferación de las marcas ha envuelto nuestra sociedad y ha tenido un impacto importante en nuestra psique. De nuevo me pregunto: ¿Al principio, en qué se usaban las marcas? En ganado. ¿Y qué simbolizaban? Simbolizaban pertenencia. ¿Y cuál fue el siguiente uso que se le dio a las marcas? En esclavos. ¿Y qué representaba? Pertenencia. ¿Poseemos marcas o las marcas nos poseen? ¿Somos aún los consumidores, o estamos siendo consumidos?

Los sueños que Dios tiene para ti y para mí van mucho más allá de lo que el mundo nos ofrece. El nos hizo a todos y a cada uno de nosotros de forma maravillosa, con una identidad única, y Él quiere que nos entreguemos de lleno a descubrir, a hacer realidad y a celebrar todo aquello que responde al plan que Él tiene para nosotros: ser la mejor versión de nosotros mismos.

Aun cuando nos sentimos orgullosos de nuestra individualidad y de nuestra independencia, parecemos estar cautivados por la idea de pertenecer al grupo, de encajar. Reconocemos que hasta cierto punto, la necesidad de sentirnos integrados y aceptados es natural y normal; sin embargo, el problema ocurre si a costa de ésta, perdemos nuestra identidad como seres maravillosos e irrepetibles.

Intentemos descubrir una vez más que significa ser plenamente nosotros mismos.

Uno

¿Estás avanzando?

Nuestras diferencias como individuos son fascinantes y maravillosas, y este libro trata precisamente de explorar y celebrar aquello que nos hace únicos. Sin embargo, quisiera empezar por identificar el motor que impulsa nuestro deseo de llegar a ser nosotros mismos de forma plena. Durante los últimos veinticinco años, a través de mi trabajo con millones de personas, con frecuencia me he quedado estupefacto ante la maravillosa e irrepetible identidad que Dios nos ha dado como individuos, pero también me ha intrigado las sorprendentes similitudes que existen entre hombres y mujeres de todas las edades y culturas, de todas las naciones y credos. La mayor de estas similitudes es la que llamo "hambre", un anhelo común en los corazones de las personas por algo más o por algo que se ha perdido, un ansia que parece ser más fuerte y más profunda con cada día que pasa.

Algunas personas asocian este hambre con un deseo de más dinero o más sexo. Otros responden buscando la pareja perfecta, creyendo que esa única persona apaciguará su anhelo de una vez por todas. Otros acaparan posesiones y acumulan poder en un intento por apaciguar el hambre. Sin embargo este anhelo parece insaciable, inextinguible. Hay algunos que asocian el hambre con una necesidad de mayor satisfacción a nivel laboral. Otros perciben que algo no está bien y sin dar en el clavo, emprenden viajes con la esperanza de descubrir algo acerca de sí mismos.

Tarde o temprano este hambre lleva a la mayoría de las personas a pensar en su desarrollo personal. Algunos prestan atención a su salud y bienestar, otros se concentran en ganar independencia financiera, otros en mejorar una relación, y otros se enfocan en la espiritualidad.

El hambre es en realidad un deseo de conexión y unión con Dios. También se manifiesta en un deseo de ser tú mismo de una forma más plena, porque cada paso hacia una mejor versión de ti mismo es un paso hacia Dios. Puede expresarse de mil maneras, pero todos nacemos con un deseo singular de sentirnos a gusto con nuestra propia identidad. Independientemente del área de desarrollo personal en que escojas enfocarte en este momento de tu vida, hay ciertas etapas y obstáculos que nos son comunes a todos. Todos ellos comparten una psicología común de cambio. Mediante este libro entenderemos las dinámicas de cambio, el cambio que todos deseamos pero que con frecuencia nos elude.

Tratar de perder peso es el ejemplo perfecto.

Cada año, en enero, se publican un montón de libros nuevos de dietas. Muchas personas ganan peso durante las fiestas, y las editoriales saben que en el Año Nuevo decidiremos adelgazar. Uno de estos libros sale al mercado y llega a ocupar la cima de los libros más vendidos. Todos hablan del libro y la dieta se presenta como milagrosa. La gente delira y lo compra en bandada, como que sólo por el simple hecho de leerlo, el peso va a caer de sus cuerpos con tanta facilidad como que si fueran gotas de sudor.

La verdad es que tú y yo sabemos que hace doce meses estaban hablando de otro libro de la misma forma. Y el año entrante, habrá nuevos libros de dieta, también de gran impacto. Los directores de las casas editoriales de todo Manhattan están sentados en sus escritorios en este preciso instante tratando de determinar cuál será el próximo libro de dietas que será aclamado.

Las personas parecen estar obsesionadas con el peso, y aun así los estadounidenses nos estamos haciendo más y más obesos con cada año que pasa. ¿Es sólo mi impresión o en efecto hay aquí una enorme desconexión?

Este libro trata precisamente de esa desconexión. Independientemente de qué área de tu vida te gustaría transformar, quiero mostrarte como cerramos la brecha entre nuestro *deseo de cambio* y la *posibilidad de crear un cambio permanente y real en nuestras vidas.*

UN MOMENTO DE SINCERIDAD

De vez en cuando veo en mis amigos cierta expresión en sus rostros y sé precisamente lo que están a punto de decirme: "Matthew, ¡sé honesto contigo mismo!" La verdad, me encanta escucharlo. No lo dicen frecuentemente, así que cuando sucede, realmente me quieren dar a entender algo.

Creo que todos necesitamos periódicamente momentos de honestidad. Los necesitamos como individuos, como pareja, en las familias y en las naciones. En el área de desarrollo personal, necesitamos desesperadamente momentos de sinceridad. Necesitamos ser honestos con nosotros mismos.

La verdad es ésta: las dietas no fallan. Nosotros fallamos al hacer dieta. Los planes de ahorro no fallan. Nosotros fallamos en nuestro intento de ahorrar. Las rutinas de ejercicio no fallan. Nosotros fallamos en nuestro compromiso de ejercitarnos. Las relaciones no fallan. Nosotros fallamos al relacionarnos.

Esto suena crudo, pero hasta que aceptemos esta dura realidad, no podremos plantearnos con la seriedad del caso esas preguntas importantes que surgen en nuestra mente: *¿Por qué fracasamos cada vez que nos ponemos a dieta? ¿Por qué no puedo sujetarme a mi presupues-*

to y a mi plan de ahorro? ¿Por qué no soy constante en mi compromiso de ejercitarme? ¿Por qué mantengo relaciones intermitentes en las que me involucro y me desconecto con frecuencia? Y así sucesivamente.

Una vez que comenzamos a hacernos estas difíciles preguntas, descubrimos otra verdad fundamental respecto a todo el proceso de cambio. La gente no fracasa porque quiere fracasar. Las personas no se ponen a dieta para ganar peso, ni se casan para divorciarse. Tampoco se mete la gente al gimnasio, firmando un contrato de dos años para dejar de ir tres meses después.

Ya sea que nos refiramos al área de la salud y del bienestar, de las relaciones, de las finanzas, de la carrera profesional o de la espiritualidad, las personas quieren mejorar.

Tenemos un enorme deseo de ser mejores, de cambiar y de crecer a nivel personal. Entonces, ¿por qué no lo hacemos?, me preguntas. *¿Cuál es el problema? ¿Cuál es la razón por la cual muchos de nosotros no podemos transformar nuestras resoluciones en hábitos?*

Este libro nos enseña una nueva manera de hacerlo.

La mayoría de nosotros fallamos en lograr un cambio real y sostenible en nuestras vidas porque nos enfocamos demasiado en el resultado final que deseamos pero no lo suficiente en el progreso que hacemos. Esto es vital, pues dicho avance nos motiva a perseverar en el logro de nuestros sueños y de nuestras metas. Si perdemos de vista nuestro progreso, es fácil desmotivarnos, y precisamente esa desmotivación es la que refuerza nuestros viejos hábitos derrotistas y nuestros comportamientos autodestructivos.

SIMPLEMENTE SÉ TÚ MISMO

Desde antes del comienzo de los tiempos, cuando eras simplemente un sueño, Dios, que es amor, ya tenía un propósito para ti. Fuiste creado deliberadamente y con una intención; por tanto estás aquí en este momento preciso para llegar a ser la mejor versión de ti mismo—no para ser una pobre imitación de tus padres, de tus amigos, de tus hermanos o de tus colegas—sino plenamente tú (cfr. Salmo 139:13–18).

La vida no consiste en hacer y tener, sino en llegar a ser.

¿Podrías tener un mejor sueño para tus hijos que desear que lleguen a ser la mejor versión de ellos mismos? Podrías tener un mejor sueño para tu cónyuge que desear que llegue a ser la mejor versión de sí mismo(a)? Este es el sueño supremo—y cuando nuestra atención se centra en vivir este sueño, nuestras vidas rebosan de energía, entusiasmo, pasión, propósito y una dicha real y perdurable. Este sueño es dado por Dios. Es el sueño que Él tiene para tu vida y ya es hora de empezar a vivir este sueño.

Cuando gozamos de buena salud en un sentido integral o en un aspecto particular de nuestra vida, nos sentimos motivados e impulsados por el sueño que Dios tiene para nosotros, de que lleguemos a ser la mejor versión de nosotros mismos. ¿Por qué existen tantos programas y productos orientados a ayudar a la gente a transformar diferentes áreas de sus vidas? Porque existe una enorme demanda. Los mercadotécnicos saben que la gente tiene un deseo insaciable de mejorar. Este deseo es totalmente sano. Desafortunadamente muchos de estos programas y productos se divorcian de Dios y por tanto pierden su conexión con la gracia, y no hay ningún cambio grandioso que ocurra sin ella.

No obstante, cuando carecemos de salud emocional, tendemos a renunciar a nuestra propia identidad y pasamos comparándonos, deseando parecernos más a alguien o ser alguien más. Este patrón se hace más notable en la adolescencia, una etapa en la cual comúnmente se tiene que lidiar con asuntos de identidad. Sin embargo muchos de nosotros desarrollamos un desprecio permanente por nosotros mismos (o por ciertos aspectos de nosotros mismos) durante esta etapa de nuestro desarrollo. Este menosprecio sofoca nuestros sueños.

La única respuesta que Dios espera de ti es que te esfuerces en llegar a ser todo de lo que eres capaz, viviendo así el sueño que Él tiene para ti. Lo único que nos debe pesar es abandonar nuestro verdadero ser. ¿Valoras quien eres o aún estás tratando de ser la persona que crees que otros esperan de ti o la que a otros les gustaría que fueras? Ahora es el momento. No habrá nunca un mejor momento para comenzar. Es el momento de deshacernos de las capas de condicionamientos y expectativas que se han incrustado en tu corazón y en tu mente.

El primer paso para llegar a ser plenamente tú, es reconocer tus imperfecciones. Te puede sonar irónico, o aun paradójico, pero la vida frecuentemente se presenta así. Hacer las paces con tus imperfecciones es una parte vital de encontrarte con la plenitud de tu ser, así como lo es el esforzarte por mejorar aquellos aspectos de tu carácter que se han distorsionado por experiencias pasadas o por costumbre. Es esencial para nuestra salud mental, corporal y espiritual que reconozcamos que lo que comúnmente consideramos como imperfecciones nuestras son de hecho parte de nuestra perfección.

El reto es discernir cuales de tus imperfecciones son parte integral de tu ser y cuales son una distorsión de tu verdadero ser. Hay una línea muy fina, y generalmente borrosa, que separa estas dos realidades.

Una mujer con un carácter muy jovial no debería cambiar simplemente porque a otras personas les choca. Su carácter es parte de la mejor y más auténtica expresión de su ser.

Puede ser que no seas una persona detallista. Esto no es necesariamente un defecto. Podría ser parte de quien eres. No todo el mundo tiene que ser detallista. Sin embargo, esto no te da autorización para ser descuidado con tus compromisos. Hasta cierto punto, tienes la capacidad de mejorar tu habilidad para manejar detalles, pero no deberías aceptar un trabajo que requiera constantemente estar al tanto de los pormenores. De la misma forma, sería recomendable que te rodearas de personas que se distingan por su nivel de atención y precisión respecto a los detalles.

De forma similar, puede ser que tu hija no sobresalga en matemáticas. Su mente podría estar configurada para destacarse en otras áreas. Es perfectamente posible que su mejor versión como persona misma no conlleve el ser diestra en matemáticas. Claramente, es necesario tener un cierto nivel de conocimiento práctico en esta área, pero es importante no presionarla para que alcance niveles magistrales en este campo.

Por otro lado si un hombre es rudo e impaciente, no es porque esas características son una manifestación de su verdadero ser, sino que son una expresión de ciertos comportamientos que ha venido practicando. Las tendencias y los talentos de la personalidad deben aceptarse, pero los defectos del carácter deben desafiarse siempre. Dios nos ama tal y como somos—pero precisamente nos ama demasiado como para seguir siendo de esa manera.

De forma consciente, inconsciente o semiconsciente, todos estamos absortos en el intento de llegar a la esencia de nuestro ser y de expresar esa esencia más plenamente. Piensa, sin embargo, en lo siguiente: un árbol no intenta que todas sus ramas crezcan de forma recta. El árbol es perfecto en su imperfección, es perfectamente imperfecto; y aun así crece y cambia con el pasar del tiempo.

La respuesta, para ti y para mí, es tratar de vivir en ese delicado balance de esforzarnos por mejorar nuestro carácter mientras apreciamos y valoramos la personalidad y los talentos que Dios nos ha dado de forma única e irrepetible. Si te inclinas demasiado hacia un lado, sofocarías y reprimirías tu exquisita personalidad. Si te inclinas demasiado hacia el otro, abandonarías el carácter que es la fuente de la dignidad y del respeto a uno mismo.

No podemos precipitarnos en conseguir este delicado equilibrio. Si lo hacemos así, se pierde tan pronto lo encontramos y nos vemos de nuevo buscándolo. Sin embargo, cuando miramos atrás y recordamos los eventos de un día o de una semana en particular, podemos identificar algunos momentos en que con toda honestidad y humildad podemos decir: "¡En ese momento, yo realmente fui la mejor persona que podía ser!" Tenemos que aprender a reconocer esos momentos, entender sus secretos, celebrarlos y duplicarlos. Esos momentos nos ayudarán a encontrar ese equilibrio entre el aceptarnos como somos y por lo que somos y el retarnos a alcanzar todo de lo que somos capaces, moviéndonos de la misma forma con que alguien se aproxima a un animal brioso: pausada y calmadamente.

Tenía un amigo y mentor que me solía decir dos cosas frecuentemente: "Sé afable contigo mismo" y "Todas las cosas grandiosas sólo pueden lograrse con un corazón apacible". Esta gran alma ya no me acompaña más en esta vida, pero sus palabras perduran. El tratarnos a nosotros mismos con benignidad precede siempre a todo crecimiento genuino y duradero. Y además, un corazón sosegado es un signo de que confiamos que estamos precisamente donde estamos ahora por alguna razón.

MEJOR, NO EL MEJOR

La idea de ser benévolos con nosotros mismos y el rol del avance personal colisionaron poderosamente una tarde de verano cuando un amigo compartió su perspectiva respecto a una de las premisas centrales que he venido transmitiendo. Rick y yo nos hicimos amigos hace algunos años, cuando él y su esposa asistieron a uno de mis seminarios en Italia. Él tiene un fascinante sentido del humor y posee una curiosidad extraordinaria y un sano escepticismo, y yo encuentro su compañía energizante.

Ese verano él y su hijo estaban sentados conmigo en uno de mis seminarios. Estábamos bromeando un poco, y su hijo estaba imitando a quienquiera que mencionábamos. Nosotros nos estábamos poniendo al día y él me estaba contando de su trabajo en la China y cuánto este país ha cambiado en los últimos diez años. Nuestra conversación cambió de curso y comenzamos a hablar de mi trabajo. Dijo entonces algo que me conmovió y que me dejó pensando. En una sola frase, él fue capaz de expresar algo que siempre he percibido de varias personas en la audiencia pero que nunca había podido articular o inclusive identificar: "Matthew, creo que tu idea de llegar a ser la mejor versión de ti mismo es fantástica. Clarifica tantas cosas en nuestro diario vivir, desde la toma de pequeñas decisiones hasta la elección de alternativas que tienen la capacidad de transformar nuestra vida; sin embargo, algunas personas simplemente no tienen noción de lo que quieres decir con la mejor versión de sí mismos. Ellos necesitan que simplemente les hables de una mejor versión de sí mismos."

Lo vi. Al instante.

Por más de una década, le he estado hablando a las personas acerca de nuestra capacidad de llegar a ser la mejor versión de nosotros mismos, dándoles ejemplos de cómo mejorar en el ámbito físico, emocional, intelectual y espiritual. Las audiencias han respondido muy bien a este mensaje. Esta idea los ha inspirado; sin embargo ahora comprendo que para algunos, el convertirse en la mejor versión de sí mismos es simplemente una idea demasiado abrumadora. Tenía que descomponerla en porciones más manejables.

Con frecuencia las personas me preguntan: "¿Cuándo sabré que he llegado a ser la mejor versión de mí mismo?" o bien, "¿Llegamos a ser en algún momento la mejor versión de nosotros mismos, o es algo a lo que aspiramos y por lo cual luchamos, pero que realmente nunca hemos de lograr?"

Bien, no es que despertamos un día y decimos: "Misión cumplida. Soy la mejor versión de mí mismo!" Todos los días tenemos que celebrar lo mejor de nosotros mismos. A cada instante, elegimos entre actuar conforme a la mejor versión de nosotros mismos o a un sinfín de versiones de segunda clase.

En determinados momentos, celebramos intensamente lo mejor de nosotros y tenemos conciencia de que actuamos conforme a nuestra mejor versión. Pero a la mañana siguiente podemos perder esa condición al dejarnos llevar por la pereza, la impaciencia, la ira, la envidia, el chismorreo, la avaricia, la indiferencia, el egoísmo . . .

La mejor versión de nosotros mismos no es algo por lo que luchamos y nunca logramos. Es algo que conseguimos en determinados momentos y en otros no.

Tu propósito fundamental es llegar a ser cabalmente la persona que Dios nos ha llamado a ser: la mejor versión de ti mismo. Este principio esclarece todos los otros aspectos de nuestras vidas. ¿Qué hace que un libro, un amigo, una película o un matrimonio sea bueno? Es bueno en la medida que nos ayude a llegar a ser la mejor versión de nosotros mismos. Todo cobra sentido en relación a ese propósito primordial. Las personas, las experiencias y las cosas que llenan nuestra vida, nos ayudan a llegar a ser la mejor versión de nosotros mismos o no lo hacen. En todo momento simplemente necesitamos preguntarnos, "Cuál de las opciones que tengo me ayudará a llegar a ser la mejor versión de mí mismo?"

Sin lugar a dudas, debemos ser conscientes de nuestra meta. ¡Enfrentémoslo! Avanzamos sólo si nos movemos en la dirección correcta. Sin embargo, el camino que nos lleva a nuestro objetivo primordial debe ser segmentado en etapas prácticas y factibles.

Reflexionando en las palabras de Rick ese día, comencé a pensar en las diversas etapas de la travesía que emprendemos para llegar a ser la mejor versión de nosotros mismos. Posteriormente me puse a examinar la psicología del cambio planteándome preguntas como: "¿Qué toma lugar en nuestras mentes mientras nos disponemos a implementar un cambio en nuestra vida?"

Empecé entonces a examinarme.

Cuando era muy joven, como de seis años, según recuerdo, me enviaban a lecciones de piano una vez a la semana. Mi mamá había decidido que todos sus hijos tocarían el piano. Yo aborrecía las lecciones de piano y me quejaba todas las semanas. Ese fue mi primer encuentro con la máxima: "La práctica hace al maestro." Mi profesor de piano lo repetía constantemente. Mis papás reforzaban el lema de mi profesor, diciéndome lo mismo.

Ahora sé que la práctica no hace al maestro. La práctica nos hace avanzar. Y la práctica hace al maestro únicamente si practicas lo correcto de la manera correcta.

Seguí recibiendo lecciones de piano por seis meses más hasta que mi madre me permitió dejarlas. En un par de oportunidades me metí de nuevo a clases, pero por muy corto tiempo. No fue hasta que tenía diecisiete años que comencé a tocar piano. Recuerdo que una noche fui a una fiesta, y una amiga mía se sentó al piano y se puso a tocar música popular. Esa noche decidí que iba a aprender a tocar piano; no de la forma que mi profesor quería, o que mis padres querían, sino de la forma en que yo quería.

Al día siguiente me senté frente al piano de mi casa y comencé a recorrer el teclado con mis manos, dejándome llevar en un intento por expresar mis sentimientos y mi estilo propio. Al principio fue difícil y tedioso, pero con el tiempo y la práctica, desarrollé una intuición musical, una noción de la forma en que fluye la música, y un estilo que me permitió aprender tonadas relativamente rápido aunque ciertamente no de manera perfecta.

Ahora me encanta tocar el piano. No toco nada de forma perfecta, técnicamente hablando, pero eso no es relevante para mí. Con cada año que pasa, toco mejor, pero lo que realmente importa es que lo disfruto enormemente. El piano se ha convertido para mí en una terapia estupenda, una forma de relajarme y de liberarme de las presiones de la vida diaria.

En muchos casos, la palabra *perfecto* o *pleno* es más subjetiva de lo que mucha gente cree y mucho menos objetiva de lo que usualmente nos permitimos creer. Una relación perfecta para ti puede ser muy distinta de lo que es para mí. Algunos se sienten cautivados por alguna belleza genérica como las que salen en las portadas de las revistas, pero a mí me atraen las personas que se sienten a gusto con su cuerpo. La perfección, la plenitud se expresa de diversas formas.

¿De cuántas maneras distintas se puede buscar la perfección, la plenitud? En este momento de nuestra historia, existen unas siete mil millones de formas—una para cada persona sobre la faz de la Tierra.

¿QUÉ ES LO TUYO?

A algunas personas les cuesta ajustarse a su presupuesto. A otros les cuesta mantener su peso. Algunos batallan con una relación difícil. Para otros, el comprar excesivamente y las deudas de tarjetas de crédito representan un problema y otros luchan con adicciones más destructivas. Todos tenemos dificultad con algo y eso nos amarra. Lo mío es la comida.

Me encanta comer. No es un secreto que me fascina el chocolate y mi pasión por la comida no termina ahí.

Nombra cualquier ciudad en el mundo y es muy probable que pueda decirte cuál es el mejor chocolate de esa ciudad y adónde ir a comer, desde las más finas opciones gastronómicas hasta los lugares más simples y acogedores donde puedes disfrutar de la comida de todos los días. Mi mamá hace el mejor pastel de carne en todo el hemisferio sur, y Sue Robinson prepara la mejor cena en Cincinnati. Dependiendo de dónde estás y qué estás buscando, probablemente yo puedo ayudarte.

En Nueva York hay muchos restaurantes famosos, pero mi favorito es Abbocato en la calle 55. Si estás de visita en Sydney, te diría que no te vayas sin haber pasado un día en la playa de Manly y haber almorzado en el *Blue Water Cafe*. *Mama Zoe's* es un restaurante cajún, enteramente iluminado por velas en Dublín. Se encuentra en un lugar fuera de lo común, pero con todo y eso, la comida es extraordinaria. Y si lo que te gusta es el chocolate, te puedo decir que los mejores chocolates hechos en Estados Unidos son los chocolates de leche con pasas o con coco de la marca Betsy Ann Chocolates en Pittsburgh. Aparte de esos, la empresa See's Candies hace unos deliciosos masmelos cubiertos de miel, caramelo y chocolate llamados *scotchmallows*, que vale la pena probar si estás en la costa oeste de los Estados Unidos. En Sydney, tienes que ir a *Haigh's* en la Arcada Strand. Y si andas en busca de un buen chocolate caliente, ve a Angelina's en París o al café de la plaza central de Asís en Italia.

Sí, definitivamente lo mío es la comida.

Como cuando me siento feliz. Como cuando me siento triste. Como para celebrar. Como para consolarme. Como para recompensarme. Como cuando escribo y como cuando me siento bloqueado y no puedo escribir. Simplemente como.

Todo este comer crea un gran problema. Gano peso. Por consiguiente, me pongo a dieta y hago ejercicio. Como saludablemente y me ejercito como un loco por varias semanas y me siento de maravilla. Me subo a la balanza y he perdido sólo dos libras. De alguna forma esto es una buena noticia, pero el problema es que quiero perder veinte libras. Luego me deprimo por haber perdido sólo dos libras y mi mente se centra en las dieciocho que me faltan por perder.

Te suena familiar?

En lugar de celebrar las dos libras que perdí, permito que las otras dieciocho me depriman. No celebro mi logro; sino que me enfoco en mi imperfección.

Al día siguiente me siento tentado a no ser tan estricto con la dieta y me vuelvo algo perezoso para seguir el régimen de ejercicios que me había impuesto, y estas pequeñas desviaciones se convierten en la fisura de la represa. Comienzo a sentir compasión por mí mismo y de nuevo comienzo a darme gusto con la comida. Luego se me baja más el ánimo por no haberme ajustado a lo que había dicho que iba a hacer.

Ignoro el problema por un par de semanas, pero luego empiezo a sentirme letárgico y echo de menos la vitalidad que estaba sintiendo por el corto tiempo en que estaba comiendo bien y haciendo ejercicio regularmente. Me digo entonces que si pudiera mantener un estilo de vida saludable, podría hacer cosas extraordinarias y escribir libros maravillosos. Entonces decido intentar de nuevo . . .

Me impongo entonces otra serie de reglas. La lista dice algo así: puedo comer esto y esto otro todos los días; puedo comer esto y aquello sólo una vez a la semana. Haré ejercicio por cuarenta y cinco minutos seis veces a la semana, y si no hago mi rutina de ejercicios no puedo comer nada que no sea saludable ese día.

Sí, bienvenido al disparate de mi mente.

Por un par de semanas me va bien y me siento estupendamente. Entonces algo sucede que me altera o simplemente tengo un día de viaje difícil y recurro a la comida como medio de confort y tiro todo el plan por la borda.

El ciclo se repite unas cuantas veces más, y en un abrir y cerrar de ojos, me siento consumido por un patrón de derrota.

PATRONES DE DERROTA

Los patrones de derrota llegan a definir nuestras vidas. Queremos cambiar, hemos intentado cambiar, pero hemos fallado tantas veces que comenzamos a creer que somos incapaces de lograrlo. Este es un fuerte golpe a nuestra autoestima, lo que quiere decir que un patrón de derrota generalmente nos hace ver que nuestro modo de operar conlleva cierta aversión a nosotros mismos.

Dejamos de pensar en la mejor versión de nosotros mismos y evitamos cualquier cosa que nos haga recordarla. Ahogamos nuestra tristeza en la música, en la televisión o en cualquier cosa que nos distraiga de lo que realmente está pasando en nuestro interior.

Estamos renuentes a hacer nuestras resoluciones de Año Nuevo porque dudamos tener la fortaleza para honrarlas. Empezamos a pensar y a leer más sobre la vida de otras personas como una forma de escaparnos de la nuestra. Tomamos más, comemos más, dormimos más, compramos más y buscamos más de cualquier placer que nos pueda distraer de lo que realmente ocurre en nuestro interior. La desmotivación de haber fracasado nos lleva a un lugar donde no queremos de ninguna manera ser nosotros mismos—y abandonamos nuestra mejor versión.

Mientras tanto, sentimos un susurro desde lo profundo de nuestro ser que nos dice que algo no está bien; sin embargo, ignoramos su voz.

Paralizados por el temor de fallar de nuevo, tememos abrigar esperanzas. Nos da miedo abrazar falsas esperanzas. Comenzamos a despreciar todo lo que tenga que ver con el desarrollo personal y a lo mejor a todo aquel que esté comprometido con ello. Esas cosas y esas personas representan un sueño que hemos perdido o abandonado, aunque en realidad no sepamos ni siquiera cual era. En este momento de desencanto y aversión, nos llenamos de cuestionamientos profundos sobre nosotros mismos, pero los esquivamos. Internamente nos sentimos abrumados por nuestra inseguridad, pero para compensarlo, nos forzamos a aparentar confianza.

Nos preguntamos entonces: *"¿Por qué no soy capaz de cambiar? ¿Es mi culpa o simplemente soy así?"*

La respuesta es que ambas cosas son ciertas.

Seguimos en la misma situación hasta que nos sentimos desesperados y forzados a realizar un cambio. El doctor te dice que si no dejas las frituras, te morirás de un ataque cardiaco, o que si no paras de fumar, te tendrán que extirpar un pulmón. Quizás tu esposa te dice que si no le dedicas más tiempo a la familia, te dejará. En muchos casos, un incremento en el nivel de dependencia a las drogas o al alcohol agobia y debilita tanto a las personas que sufren de esa adicción que las hace ponerse de rodillas en desesperación.

En muchos sentidos, estos son los que tienen suerte, aunque es triste que hayan tenido que pasar por todo eso para llegar a ese punto. No obstante, muchos alcohólicos te dirán que no empezaron a vivir hasta que tocaron fondo y compartirán historias horribles de los tiempos en que no habían dejado de beber.

¿Por qué tienen suerte los que llegan a una encrucijada radical en su camino? Porque la mayoría de las personas nunca llegan a un punto de desesperación tal que los fuerce al cambio, y por lo tanto nunca cambian. Se dice que un alcohólico debe optar por vivir una vida espiritual o morir una muerte alcohólica. No hay término medio para un alcohólico. Si un cambio de vida implica vida o muerte, la mayoría de la gente se motiva y toma la resolución de cambiar. La mayoría de las personas cambian solamente cuando el dolor de no cambiar se vuelve más grande que el dolor que implica una transformación.

Sin embargo, la mayor parte de la gente y quizás tú y yo también seguimos transitando entre patrones de derrota y de rechazo hacia nosotros mismos sin prestarle mucha atención. Todo esto puede estarnos sucediendo y la mayoría ni siquiera tiene consciencia de ello. Las personas que nos rodean pueden amarnos e incluso, sentirse correspondidas. Sin embargo, poco saben que somos prácticamente incapaces de amar porque estos patrones de aversión en los que estamos enredados nos lo impiden y no podemos amar a nadie, ni siquiera a nosotros mismos.

¿Cómo cambiaría tu vida si realmente entendieras tu verdadera valía? ¿En qué sentido vivirías de diferente forma si te vieras como Dios te ha visto? Jesús nos ofrece una visión respecto a nosotros sorprendentemente diferente de la que tenemos. Él nos dice que tenemos un valor infinito. "Ustedes son luz del mundo" (Mateo 5:14). "Vales tanto que Dios tiene contado hasta el último cabello de tu cabeza" (cfr. Lucas 12:7).

Nosotros decimos: "¡Así soy yo!" pero en secreto menospreciamos la persona en la que nos hemos convertido y desesperadamente queremos llegar a ser la persona que sabemos que somos capaces de ser. No obstante, nos sentimos atrapados, y lo estamos. Estamos atrapados por nuestras ilusiones de perfección, abatidos por las dificultades del camino que queda por recorrer, abrumados por nuestros patrones de derrota.

Lo que he descrito aquí le sucede a mucha, mucha gente. Le está sucediendo a millones de personas mientras escribo estas líneas y le estará sucediendo a muchos otros mientras tú las lees. Pablo, el apóstol, luchó con las mismas cosas. Él escribió: "No entiendo lo que me pasa, pues no hago lo que quiero; sino lo que aborrezco . . . Yo sé que en mí, es decir, en mi naturaleza pecaminosa, nada bueno habita. Aunque deseo hacer lo bueno, no soy capaz de hacerlo" (Romanos 7:15, 18).

Si alguien reconoce la difícil situación en la que estamos, probablemente se debe a que ha estado en una circunstancia similar. Esta persona podría tratar de tendernos la mano o de desafiarnos; sin embargo, nosotros nos refugiamos en la gran excusa: "¡Así soy yo!" Como pasa con la mayor parte de las mentiras, si la dices con frecuencia, empezarás a creerla. A medida que nos sentimos más y más cómodos con la mentira y menos y menos cómodos con nosotros mismos, empezamos a manipular a nivel emocional diciendo, por ejemplo: "¿Por qué no me amas como soy?"

Las personas desean cambiar. Sabemos que hay ciertas áreas de nuestra vida que nos gustaría transformar con urgencia. Por un instante, sé honesto contigo mismo: ¿Cuál es aquel aspecto de ti mismo que de cambiarlo, mejoraría tu vida de forma radical? ¿Has intentado hacerlo? Por supuesto que lo has hecho. ¿Estás aún intentándolo o te has dado por vencido?

¿Pueden las personas cambiar de forma sustancial?

Esta pregunta representa el abismo ante el cual nos tambaleamos al menos una vez en la vida y hasta que estemos convencidos de que el cambio sustancial es factible, pasaremos nuestras vidas soñando despiertos. Si abrimos los ojos y nos hacemos conscientes de la fuerza que genera nuestro avance, descubriremos que lo que tenemos al frente no es un abismo sino una senda. La respuesta yace en dar el primer paso.

Un lanzador de béisbol no tira una pelota a doscientas millas por hora en su primer intento. Primero él aprende a sostener la pelota, luego a tirarla y luego aprende cómo lanzarla en la dirección correcta. Estos pasos son tan básicos que los pasamos por alto. Pero solo así el lanzador comienza a mejorar su exactitud y su velocidad. Él lanza una pelota a setenta millas por hora antes de que pueda lanzarla a ochenta, y la lanza a noventa millas por hora antes de que pueda lanzarla a cien. Habrá días en que no podrá lanzarla a la velocidad con que la lanzó el día anterior. En esos momentos, tendrá entonces que celebrar su avance general o enfocarse en otro aspecto que no sea la velocidad. Él no la está tirando tan rápido pero quizás está moviendo la pelota de mejor forma que antes o tal vez la está tirando con mayor exactitud. En cada coyuntura él celebra su avance.

Cuando un lanzador de béisbol se lastima, comienza el proceso de rehabilitación volviendo a los fundamentos. Comienza desde el principio, aun en aspectos tan básicos como aprender de nuevo a sostener la pelota. Un entrenador acompaña al lanzador en su recuperación, diseñando un plan que incluye etapas y objetivos específicos para que el atleta pueda, durante su proceso de rehabilitación, celebrar el avance que ha logrado.

El celebrar el progreso realizado es fundamental en la psicología del cambio. En nuestra cultura tendemos a celebrar comiendo o comprando, pero la celebración a la que me refiero aquí toma lugar en nuestro interior. Celebrar el avance significa darte una palmada en la espalda. No hay nada más impactante que la forma en que te hablas a ti mismo. El celebrar los avances es el primer secreto para romper con los patrones de fracaso.

Otro de los grandes secretos que con frecuencia desestimamos es que fallar es parte inherente de todo logro y descubrimiento que valga la pena.

Vivimos en una cultura obsesionada con el éxito y como resultado, inconscientemente fomentamos la actitud de que no está bien fallar. Con frecuencia medimos la valía de alguien por su éxito. Por consiguiente, nos juzgamos de la misma manera cuando fallamos y tendemos a tomarlo personalmente. Puedes fallar, pero eso no significa que eres un fracaso.

Creo que el béisbol nos enseña más del fracaso que cualquier otro deporte. Un gran bateador tiene un bateo promedio de aproximadamente 0.350. ¿Qué es lo que nos indica esta cifra? Nos dice que logra darle a la pelota sólo el 35 por ciento del tiempo. ¿Y qué más nos dice? Que el 65 por ciento de las veces, falla.

Siendo comisionado de las Grandes Ligas, Francis T. Vincent Jr. hizo las siguientes observaciones en un discurso que pronunció en la Universidad de Fairfield:

> El béisbol nos enseña o nos ha enseñado cómo hacerle frente al
> fracaso. Aprendemos a muy temprana edad que fallar es la norma
> del béisbol y que precisamente porque hemos fallado, tenemos en
> alta estima a quienes fallan menos frecuentemente—aquellos que le
> dan a la pelota con seguridad en una de las tres oportunidades y al
> hacerlo se convierten en jugadores estrella. También encuentro fas-
> cinante que el béisbol es el único deporte que considera los errores
> como parte del juego, parte de su rigurosa verdad.

Nunca debemos dejar que nuestro espíritu sea sofocado por el fracaso. El fracaso es parte de nuestro avance, no el resultado final.

Tanto Thomas Edison como Albert Einstein ejemplificaron bien esta lección. Estos dos hombres experimentaron el fracaso más intensamente que la mayoría y aun así llegaron a la cima. El primero como gran inventor y el segundo como el gran físico de todos los tiempos. Sin embargo, día tras día lidiaban con el ensayo y el error, con desaciertos y frustraciones, con decepciones y derrotas y con momentos de total desilusión. No obstante, ellos vieron estas dificultades, adversidades, derrotas y fracasos como claves para los descubrimientos que ellos estaban buscando. Genuinamente creían que sus fracasos constituían su avance.

La historia de Edison y su esfuerzo por encontrar una forma para mantener una bombilla encendida es bien conocida. Él probó más de diez mil combinaciones de materiales antes de encontrar la que funcionaba. La gente le preguntó más tarde en su vida cómo tuvo la fuerza de continuar después de fracasar tantas veces y contestó que él no veía sus intentos anteriores como fracasos. Prosiguió entonces a explicar cómo había identificado exitosamente diez mil formas que no funcionaban y que cada intento lo acercó a deducir el que sí lo haría. Ciertamente, él veía sus fracasos como avances.

Einstein, quien es considerado por muchos como el hombre más inteligente de todos los tiempos, dijo "Pienso y pienso por meses y años. Noventa y nueve veces llego a la conclusión equivocada. Acierto la centésima vez".

¿Por qué perpetuamos la creencia de que no está bien fallar? El fracaso cobra un papel importante en nuestro desarrollo y un rol *primordial* en nuestro intento de llegar a ser plenamente nosotros mismos. Cualquiera que sea el patrón de fracaso en que te encuentres atrapado en este momento, recuerda estas tres verdades inquebrantables:

1. Antes que tú, otras personas han superado con éxito los obstáculos que enfrentas en este momento. Interésate en aprender acerca de sus vidas y saca fuerza de sus historias y de su ejemplo.

2. Todos tus fracasos anteriores te dejan mejor equipado que nunca para lograr el éxito en tu próximo intento.

3. Nunca será más fácil romper con el patrón de derrota que ahora mismo.

Permite que las palabras de Benjamin Barber resuenen dentro de ti:

Yo divido el mundo entre las personas que aprenden y las que no lo hacen. Hay personas que quieren aprender, que están abiertos a lo que sucede a su alrededor, que oyen, que escuchan las lecciones. Cuando cometen alguna estupidez, no lo hacen de nuevo, y cuando hacen algo que funciona bien, la próxima vez lo hacen aun mejor y con más empeño. La pregunta que debes plantearte no es si eres exitoso o fracasado, sino si estás dispuesto a aprender o no.

LA FUERZA QUE SURGE DEL PROGRESO

¿Estás progresando? Esta es una pregunta importante que debemos hacernos: "¿Estoy avanzando?" No he adquirido mucha experiencia en ser perfecto, pero tengo considerable experiencia en avanzar. La razón por la cual digo esto es porque cuando progreso soy una persona más feliz que cuando me siento obsesionado con una imagen idílica de perfección que estoy muy lejos de alcanzar. El avanzar nos anima, nos da vida. Cuando sentimos que avanzamos, tendemos a llenarnos de pasión, de energía, de entusiasmo, de propósito y de una dicha real y duradera. El progreso nos llena de gratitud por el momento presente y nos da esperanza para el futuro. El progreso genera en nosotros una felicidad duradera.

Entonces, ¿estás progresando? Si no lo sabes, o si tienes que pensarlo mucho, probablemente no estás enfocado. Ese es el hundimiento de la mayoría de las personas en el área de desarrollo personal. Simplemente dejamos de prestar atención. El otro error que generalmente cometemos es dar por hecho que estamos progresando, como si el añadir un año a nuestras vidas fuera prueba suficiente.

La única forma en que puedes responder a esta interrogante honestamente y sin vacilaciones es dedicándole considerable tiempo para pensar en ella. Sin embargo, la respuesta a esta pregunta evade a la mayoría de gente. Podemos preocuparnos tanto por lo que tenemos o lo que hacemos que perdemos de vista lo que somos y en lo que nos estamos convirtiendo.

¿Estás progresando? ¿Eres una mejor persona hoy que quien eras hace un año? ¿Eres más feliz? ¿Estás más satisfecho? ¿Eres un mejor cónyuge? ¿padre?, ¿hijo?, ¿trabajador?, ¿jefe?, ¿compañero de equipo?, ¿colega?, ¿ciudadano?, ¿amigo? ¿Estás más saludable? ¿Tienes mayor independencia financiera que la que gozabas hace un año? ¿Tu trabajo te proporciona una mayor satisfacción? Todas estas son preguntas importantes, pero para contestarlas, primero debemos plantearnos y responder a la siguiente pregunta: ¿Qué es progreso?

Poco después de la Segunda Guerra Mundial, la cultura occidental se obsesionó con el progreso. No nos confundamos, es claro que cada época se ha obsesionado a su manera con el progreso. No obstante, lo que causó que la obsesión con el progreso en el siglo XX fuera distinta es que empezamos a considerar que el progreso y el cambio eran lo mismo. En cada uno de los aspectos de la sociedad y de la cultura, las personas comenzaron a demandar el cambio como si este fuera *siempre* algo positivo y asumiendo que el cambio *siempre* traía progreso.

La sociedad occidental ha cambiado mucho en los últimos cincuenta años. ¿Nos han llevado todos esos cambios a una mejor situación? Algunos dirán que depende de lo que consideres como *mejor*. Pero la mayor parte de las personas sensatas estarían de acuerdo en que no, el cambio no siempre ha representado una mejora. Durante los últimos cincuenta años por ejemplo, la violencia ha escalado de forma masiva. Ciertamente es un cambio, pero la mayoría de la gente juiciosa admitiría que no ha sido para bien.

El cambio no es equivalente al progreso. El cambio no garantiza el progreso.

Progresar es avanzar hacia el logro de una meta. Si tu meta en los años cincuenta era lograr una sociedad más violenta, entonces claramente has logrado tu objetivo. Sin embargo, si les preguntáramos a la gente de esa época si preferirían que dentro de cincuenta años la violencia en la sociedad aumentara o disminuyera, la mayoría estaría a favor de una disminución. La violencia ha incrementado, y por consiguiente, en este sentido no hemos avanzado. Y lo que es peor, en este aspecto nuestra sociedad ha dado marcha atrás.

El progreso es un cambio que nos conduce a algo mejor. El progreso es un cambio que hace que algo alcance su plenitud. El progreso es cualquier cambio que por pequeño que sea, hace que una persona sea ella misma, de una forma más plena.

Entonces, ¿hacia dónde debemos avanzar? La respuesta es distinta para cada persona, y lo exploraremos enseguida. Pero antes, detengámonos por un instante a reflexionar acerca de las posiciones que compartimos con respecto al progreso.

La mayoría de las personas razonables son de buena fe y mantienen posturas bastante similares respecto al progreso. Desean que el mundo sea un mejor lugar para vivir y aspiran vivir vidas más felices.

Cuando comenzamos a pensar en esas posiciones que compartimos, estas se convierten en deseos y entre más pensamos en lo que deseamos, nuestros deseos se tornan más intensos, impulsándonos a alinear cada vez más nuestro actuar con dichos objetivos y facilitando así el avance que pretendemos lograr.

El problema es que la mayoría de las personas pasan muy poco tiempo reflexionando en aquello que desde su perspectiva, haría del mundo un mejor lugar; por tanto, la contribución que hacen en este sentido es muy poca. Si indagas cuál es su postura, te dirían que prefieren un mundo mejor, en lugar que un mundo en decadencia, pero esa preferencia nunca se transforma en deseo y en acción.

La gran mayoría te dirá que preferiría vivir una vida más feliz, ¿pero cuánto tiempo le dedican de hecho a pensar en cómo crear y vivir una vida más feliz? La preferencia nunca se convierte en un anhelo. El anhelo nunca se convierte en acción. Pero pasarán toda su vida diciendo que preferirían ser más felices.

El tener una preferencia no basta. El progreso requiere deseo y acción. El Evangelio reajusta nuestras prioridades y nos reta a buscar activamente lo que Dios quiere en cada faceta de nuestra vida.

No es posible crear una vida genuinamente más feliz sin contribuir a un mundo mejor. Entonces dirijamos nuestras acciones para avanzar hacia el logro de una vida más feliz y de un mundo mejor que podamos entonces heredarle a nuestros hijos y a nuestros nietos.

Sin duda, existen diferencias de opinión entre lo que implica ser "mejor" o "más feliz". Exploraremos este punto posteriormente cuando nos refiramos al rol que el carácter tiene en nuestras vidas y en nuestra sociedad.

CADA DÍA HACEMOS ALGO POR PRIMERA VEZ

Recientemente pasé un par de días con unos amigos en Atlanta que tienen una bebé de tres meses, su primera hija. Mi visita coincidió con el partido final del campeonato de la Liga Nacional de Fútbol Americano, conocido como Super Bowl o Supertazón, y comenté que sería el primer Super Bowl de Brooke. Su padre, Nick, respondió: "Cada día es su primera vez de algo".

A los niños les celebramos el progreso que logran. Les aplaudimos, los abrazamos, los besamos, los felicitamos y los recompensamos por el más mínimo progreso. Esta atmósfera de estímulo juega un rol primordial en el rápido avance de los niños durante sus primeros meses y años de su vida.

El simple hecho de ser adultos no debería ser una justificación para dejar de celebrar el progreso realizado. El progreso es una recompensa en sí mismo. Me siento más feliz cuando avanzo. Mira si no es lo mismo para ti. Obsérvate. Analiza las áreas en que estás progresando. Echa un vistazo a momentos de tu vida en que hayas avanzado en algún área en particular. ¿Cómo te sentiste respecto a ti mismo, a tu vida y a tu futuro?

Nuestra capacidad de mejora es insondable. Ya sea a nivel profesional o personal, en el área del bienestar y de la salud, de las finanzas personales, de las relaciones, de la dieta y del ejercicio o del carácter y de la espiritualidad, tenemos una habilidad extraordinaria para mejorar. No obstante, para poder hacerlo, necesitamos conocernos muy bien. Necesitamos ser capaces de ver más allá de las fortalezas y debilidades que tenemos y que nos son obvias y ver los matices de nuestras tendencias. Necesitamos ser capaces de detectar cuando no estamos siendo honestos con nosotros mismos, cuando podemos dar más de lo que estamos dando y cuando vamos de pique por el camino equivocado.

A través de los años he estudiado muchas y diversas expresiones de espiritualidad. Algo de lo que estoy totalmente convencido es que un examen diario, alguna forma de introspección, constituye uno de los medios más rápidos de desarrollo a este nivel. Durante miles de años, aquellos que han tomado con mayor seriedad su crecimiento espiritual han empleado este simple ejercicio, no como una medida de perfección, sino para evaluar su propio avance. Es por esta razón y con base en este principio que concebí una serie de pasos que integran lo que llamo el proceso de la oración.

Este ejercicio espiritual nos conduce a una conversación íntima con Dios sobre nuestros talentos y habilidades, nuestras esperanzas y sueños, nuestros temores y fracasos, nuestro potencial y la forma en que expresamos o no el amor que tenemos por aquellos que nos son cercanos.

Hay muchas variaciones de este ejercicio, pero en esencia se resume en dedicar unos minutos al final del día para preguntarnos: "¿Soy hoy mejor que ayer?"

La respuesta a esta pregunta da lugar a otras preguntas: "¿Qué áreas de mi vida necesito mejorar? ¿A qué áreas de mi vida necesito prestarles más atención? ¿Qué comportamientos me impiden avanzar para construir la mejor versión de mi propia persona?"

Quien eres hoy es sólo una sombra de quien eres capaz de ser. Es nuestro potencial el que nos genera gran emoción y gran frustración.

La clave es dar pequeños pasos. Las pequeñas victorias conducen a las grandes. El atleta que se ha lesionado tiene que comenzar a dar pasos cortos. Durante la rehabilitación, los entrenadores les enseñan a los atletas estrella que se encuentran en proceso de recuperación a celebrar sus pequeñas victorias, de la misma forma que un padre le enseña a su hijo a celebrar el más simple progreso. Prestémosle atención a la pregunta: "¿Estoy avanzando?"

¿Estás avanzando? Como dije anteriormente, si tienes que pensar en ello, posiblemente no estás enfocado.

La primera lección:

CELEBRA TU PROGRESO

Toma unos minutos al final del día, incluso a diferentes intervalos del día, para reflexionar sobre el progreso que has logrado. Considera los diferentes ámbitos de tu vida. En algunos aspectos, habrás avanzado; celebra ese progreso. En otros, podrías estar estancado o aun podrías haber retrocedido. No seas demasiado duro contigo mismo, eres una creatura maravillosa, pero esa obra está en proceso.

Nunca concluyas un período de retrospección sin haber identificado algún avance que hayas logrado. Al ir leyendo los capítulos restantes de este libro y cuando vayas descubriendo las otras ocho lecciones para gozar de una felicidad duradera, te darás cuenta que hay muchas facetas donde puedes evaluar y celebrar tu progreso.

Ser plenamente nosotros mismos, es algo a lo que todos deberíamos aspirar; sin embargo, sólo hay un camino que nos conduce a la mejor versión de nosotros mismos y es el del progreso. Permitamos que este sea el diálogo interno que nos estimula a avanzar un poco más cada día: "Hoy soy mejor de lo que fui ayer".

Aplicando la primera lección:

CELEBRA TU PROGRESO

Pondré en práctica la primera lección para descubrir
el sueño de Dios en mi vida, a través de los siguientes pasos:

1. Me propondré una sola cosa a la vez y en eso me enfocaré. Cuando me hago un propósito, lo plantearé en términos factibles y mensurables, no como ideales utópicos e imposibles de medir. Escribiré mi propósito junto con una descripción de como mi vida mejorará si cumplo con lo que me he propuesto. Cada día, a ciertos intervalos, haré una pausa para revisar mi resolución y el impacto que esta tendrá en mi vida. Una vez que haya logrado que esa resolución esté firme y totalmente arraigada como un hábito, me dispondré a hacer la siguiente.

2. Celebraré mi progreso dándome una palmadita en la espalda cada vez que hago un esfuerzo en la dirección de mi propósito. Me alegraré aun de la más pequeña victoria, pero al final de cada hito o etapa clave celebraré el progreso que he realizado de forma especial. Convertiré esa celebración en un ritual con el fin de crear poderosas memorias a las que luego me pueda referir. A veces celebraré a solas y otras veces invitaré a otros a celebrar conmigo. Recordaré que la forma en que hablo conmigo mismo me afecta más que la forma en que otros me hablan. A lo largo del día recurriré a un diálogo interior para motivarme a llegar a ser la mejor versión de mí mismo. Recordaré que como hijo de Dios, tengo un valor infinito.

3. Estaré atento y valoraré aquello que suceda por primera vez y buscaré esas oportunidades proactivamente. De vez en cuando y de forma consciente, me propondré hacer algo por

primera vez, celebrando así mi infinita capacidad de explorar nuevos horizontes. A veces exploraré algo que implique aventura, como el paracaidismo, y en otras ocasiones, algo simple, como plantar un árbol.

4. Comenzaré a ver el fracaso como parte del éxito. Si fallo de alguna forma, haré una pausa y conscientemente me daré un tiempo para identificar qué es lo que he aprendido de esta experiencia. De esta forma, aprenderé a reconocer que mis derrotas son parte inherente del proceso, y constituyen en sí mismas un avance.

5. Por la mañana y por la noche haré una pausa para examinarme, de la misma forma que a través de miles de años lo han hecho los grandes líderes espirituales de las diversas tradiciones. Durante mi evaluación matutina me preguntaré: *"¿En qué área necesito enfocarme hoy? ¿Qué acción específica llevaré a cabo hoy con el fin de avanzar en este aspecto? ¿Cómo mediré el progreso que realice? ¿Cómo puedo hacer hoy la diferencia en la vida de otras personas?* Y por la noche reflexionaré sobre estas interrogantes: *"¿Soy mejor hoy de lo que fui ayer? ¿Qué hice hoy que me trajo felicidad? ¿Qué hice hoy que me hizo sentirme inquieto y afligido? ¿Por qué escogí hacer esto? ¿De qué forma en particular puedo mejorar mañana? ¿Qué hice hoy para llevar felicidad a los demás? ¿He lastimado a alguien hoy, ya sea física, emocional, intelectual o espiritualmente? ¿Qué cosas buenas siento que el Espíritu Santo me está inspirando a hacer mañana?*

Dos

Perfectamente imperfecto

Tarde o temprano llegamos a un momento en nuestras vidas en que nos decimos a nosotros mismos: *"¡Algo está mal!"*. A algunos les sucede cuando son muy jóvenes y a otros en una etapa posterior de su vida. Puede que nos percatemos de estos sentimientos por diferentes circunstancias, pero en la mayoría de los casos, estos sentimientos no son producto de las circunstancias. Las circunstancias simplemente lo evidencian, como sucede con los síntomas de una enfermedad. Es decir, las circunstancias son externas pero el problema de fondo es interno.

Lo que realmente queremos decir es: *"Este no soy yo"* o *"Este no es el que yo quiero ser"* o *"No nací para llegar a ser esta persona"* o *"No me siento yo mismo"* o *"No me siento cómodo conmigo mismo"* o *"¿Quién soy yo y para qué estoy aquí?"* o *"No me gusta la persona en la cual me he convertido"* o *"¿De qué se trata realmente la vida?—porque si esto es todo lo que hay . . ."*

Todas estas son ideas e interrogantes válidas. A veces cuando sientes que algo está mal, estás equivocado. De hecho, algo está bien, muy bien. Algo está sucediendo que es enteramente normal y sano. El percibir que algo anda mal es parte del proceso de maduración por el cual pasamos para convertirnos en adultos sanos. Esas son buenas preguntas. Algo andaría mal si nunca tuviéramos el coraje de planteárnoslas.

En estos momentos de gran duda y perplejidad, estás despertándote. No vuelvas a dormirte. No permitas que alguien te diga que debes irte a dormir. Abraza este momento. Te esperan cosas maravillosas.

Una vez que llegamos al momento en que nos percatamos de que algo anda mal, pueden suceder varias cosas. Un amigo te dice, por ejemplo: "Piensas demasiado. Simplemente necesitas divertirte un poco más" y te persuade a salir con él y a tomar más de la cuenta. Es simplemente una forma de distraerte, pero quieres sentirte normal y aceptado, y entonces confías en él a pesar de que no ves en su vida ni el menor rastro de felicidad duradera. El problema con este desenlace es que nada se soluciona. A la mañana siguiente, te despiertas sintiendo de nuevo que algo anda mal y para colmo de males tienes una resaca.

Todos tenemos momentos en que nos encontramos especialmente vulnerables a este fenómeno. Una celebración de cumpleaños a lo grande puede, por ejemplo, hacer que cualquiera que esté pasando por este trance se caiga por un precipicio. Te dices a ti mismo que tu insatisfacción se debe al hecho de que aún no has logrado o experimentado todo lo que quisieras. Entonces te lanzas de lleno al trabajo o a una nueva relación de forma desenfrenada. Es una distracción. Estás evitando el asunto clave. Tal vez estás consciente de ello, pero por alguna razón no puedes hacerle frente.

He conocido personas que llegan a este momento de consciencia atrapados por un sentimiento de tanta culpa e ineptitud que se sumergen trabajando como voluntarios o que ponen sus vidas en un segundo plano para entregarse desmedidamente a las necesidades de un hijo o del cónyuge. Otros ponen su vida en pausa para unirse al Cuerpo de Paz por un año o dos y retribuir algo a la humanidad. Todas estas son buenas acciones en tanto sean desempeñadas por una buena causa. Sin embargo en este caso, están siendo simplemente usadas como distracciones. Y cuando estas personas vuelvan a sus propias vidas después de un año, o dos, o cinco, las preguntas claves persistirán.

La verdad es que cuando te invade el sentimiento de que algo anda mal, es mejor quedarse quieto y tratar de esclarecer lo que estás experimentando. Lo que no sabes es que estás en el umbral de un gran descubrimiento. Estás a punto de descubrir quién eres y para qué estás aquí. Estás por descubrir por qué estás disconforme con tu propia persona y entenderás el sentido de tu vida. Sientes que te tambaleas al borde de un gran abismo, pero de hecho si tienes el coraje de saltar, permaneciendo inmóvil, te sumergirás en las aguas profundas de tu mundo interior.

Dios te ha creado para estar aquí, donde estás ahora, y tiene para ti un propósito muy concreto. Él quiere emprender algo increíble en tu vida—desde este preciso momento.

Por ahora todo lo que necesitas hacer es detenerte, quedarte quieto y el mundo entero vendrá a ti. ¿Pero qué hacemos en lugar de eso? Decidimos cambiar de trabajo, mudarnos a una casa nueva, salir con otra pareja, tomar unas largas vacaciones, comprar un nuevo automóvil o emprender cualquier otro cambio que podamos considerar. Queremos postergar el mundo real, distraernos de las preguntas fundamentales. Si lo seguimos haciendo, podrán pasar meses, años, y aun décadas para que estas preguntas nos capturen nuevamente.

Sé valiente. Quédate quieto. Permanece en silencio, externa e internamente. Continúa haciendo lo de costumbre. Quédate ahí, donde estás ahora. Reserva cierto tiempo para el silencio y la soledad. No te mientas. Algo maravilloso está por suceder.

¿Y qué es?

La búsqueda de nuestra verdadera identidad que muchas personas emprenden en otros lugares, ocurre en nuestro interior. El descubrimiento de nuestro propio ser nos lleva a comprender que nuestras imperfecciones son parte de nuestra perfección. Somos perfectamente imperfectos. Claro que esto no debería ser una excusa para ser extremadamente complacientes con nosotros mismos, y por tanto, nuestro dilema recae en discernir cuáles aspectos de nuestra imperfección son parte intrínseca de nuestro ser y cuáles son producto de nuestra pereza, de nuestros propios timos, de la postergación, de expectativas equivocadas, del condicionamiento y de otras experiencias pasadas.

Todo esto nos deja en busca de nuestra verdadera identidad de una forma que es real e imaginaria a la vez.

Todos tenemos imperfecciones. Algunas personas tienen la nariz torcida, pero su nariz torcida es parte de su perfección. Algunas personas no tienen facilidad para aprender lenguas extranjeras, pero son perfectas sin ese talento. Por otro lado, hay quienes son rudos e impacientes. Este es un defecto del carácter, una imperfección que debe abordarse.

La clave es ser lo suficientemente humilde y honesto como para reconocer cuáles imperfecciones son parte de quienes somos y cuáles constituyen obstáculos que se interponen en el camino que nos lleva a encontrar nuestra propia plenitud. Es cierto que este equilibrio es bastante complejo; sin embargo, el conocimiento de uno mismo y la capacidad de discernimiento se van adquiriendo paulatinamente sobre la marcha. El secreto es comenzar a aplicar estas verdades a medida que las vamos adquiriendo. De esa forma la verdad seguirá emergiendo. La verdad vivida se transforma en sabiduría, y vivir lo que sabemos que es bueno y verdadero engendra mayor sabiduría.

Nuestra perfección está peculiarmente entrelazada con nuestra imperfección. Es un misterio que presumo nunca entenderemos completamente. No obstante, un poco de misterio nos hace bien; nos hace humildes y cuando vivimos con humildad, cada experiencia nos enriquece más aun.

TODO COMIENZA CON UNA MENTIRA

No sé si lo has notado, pero muchos de nuestros dilemas tienen sus raíces en cierto tipo de ignorancia o en que asumimos una mentira como cierta. ¿Alguna vez te han dicho que si te lo propones lograrás cualquier cosa? Bueno, eso es una mentira. Por mucho tiempo lo creí. Esta es la mentira que crea una gran falla, una fisura a nivel psicológico, en el desarrollo de los hombres y mujeres jóvenes en nuestra sociedad. Y una vez que se produce esa falla, el terremoto es sólo cuestión de tiempo.

Mirando atrás a mis años de infancia, he identificado una mentira que me dijeron una y otra vez de forma consistente. Mis hermanos también fueron inducidos al error, así como mis amigos. Las personas que nos mintieron creían estarnos ayudando. Su objetivo era motivarnos. Superficialmente parecía ser algo bueno y noble, pero el daño que nos estaban haciendo se encontraba bajo la superficie.

La mentira tenía diversas versiones: "Puedes hacer cualquier cosa que te propongas", "Puedes ser lo que quieras siempre y cuando te esfuerces más que los demás" y "Puedes conseguir lo que quieras si lo deseas con todas tus fuerzas".

Al principio yo era un joven, y los jóvenes tienden a creer lo que les dice la gente mayor o las personas que tienen autoridad sobre ellos—padres, maestros, entrenadores, hermanos mayores e incluso niñeras. Entonces al principio creí esa mentira. Me propuse cosas y fracasé. Quería algo con todas mis fuerzas y tampoco lo logré. Estas derrotas acarrearon entonces sentimientos de ineptitud y de rechazo a mí mismo. Como era típico de los jóvenes de mi edad, era demasiado orgulloso como para hablarle de eso a nadie y me conformaba con darle vuelta a mis ideas, sin ninguna esperanza de encontrar respuesta alguna.

Durante los años siguientes, presencié el mismo fenómeno en mis hermanos y amigos, y ahora lo veo en la gente joven con la que trabajo en los colegios y en las universidades.

Ellos se enfocan en algo que desean y se entregan a ello con toda la fuerza de su voluntad; sin embargo, se quedan cortos. Las dudas los invaden. Revisan entonces los pasos que tomaron. Los demás los han motivado a lograr ese objetivo, y ellos parecen tener la certeza de "habérselo propuesto". Dieron el máximo esfuerzo que estaba a su alcance pero aun así no lo lograron. Siguieron al pie de la letra las reglas de oro que les dieron todos: sus padres, maestros, entrenadores, mentores, profesores y jefes . . . pero aun así no lograron sus metas.

A veces fallamos en cosas porque simplemente no contamos con los atributos idóneos para ello. Sin embargo raramente nos lo dicen cuando somos jóvenes, y nuestras mentes son como esponjas. La gente nos continúa diciendo que podemos hacer lo que nos propongamos. Estas máximas son tan absolutas y nos las refuerzan tanto, que cuando las seguimos y fallamos, nos quedamos con una única conclusión: "Algo malo me pasa, tengo algún problema".

Aquí precisamente empezamos a batallar con la falta de autoconfianza, la inseguridad, la ineptitud y el aborrecimiento hacia nosotros mismos. Muchos lidiamos con estos sentimientos toda nuestra vida, consciente o inconscientemente, y la mayoría lidiamos con ellos de una manera semiconsciente. Sabemos que están ahí, que nos afectan, pero no sabemos que hacer al respecto. Estos sentimientos afectan nuestras relaciones, la forma en que avanzamos profesionalmente, la manera de administrar nuestro tiempo, de planificar nuestro futuro y la forma en que soñamos o que dejamos de soñar.

Si la mentira es que podemos lograr lo que nos propongamos, entonces, ¿cuál es la verdad? Algunos dirán cínicamente, "No puedes hacer *nada* de lo que te propongas." Pero ellos también estarían mintiendo. La verdad es que somos capaces de cosas extraordinarias, pero cada uno de nosotros es diferente. Nuestros propios talentos nos equipan mejor para algunas cosas que para otras.

¿Qué significa esto para ti? Quiere decir que no puedes hacer cualquier cosa que te propongas y eso no te hace malo o deficiente— simplemente humano. El encontrar aquellas cosas para las cuales tenemos talento es una de las mayores aventuras de esta vida y la fuente de gran felicidad.

No puedes hacer cualquier cosa que te venga en mente. Si mides un metro veinte, no estás equipado para ser el próximo basquetbolista estrella. No obstante, estás perfectamente equipado para ser tú mismo. La pregunta medular es entonces: ¿Para qué logros estás equipado?

Dios tiene un sueño para ti y para tu vida. Dirígete a Él y pregúntale, ruégale que te revele ese plan paso a paso, día a día.

SÓLO UNA COSA SE TE HA PEDIDO

Cuando estaba en el colegio, una de las disciplinas que disfrutaba más era arte. Me encantaba la pintura y la cerámica, y me fascinaban los pasajes sobre la vida de los artistas que llenaban las páginas de aquellos volúmenes enormes de historia del arte que nos hacían leer. No los leíamos de principio a fin, sino que saltábamos de una sección a otra y recuerdo que me encantaba esa flexibilidad, el no sentirme atado a un orden, a una estructura.

Recuerdo también que al principio me sentía incómodo saltándome páginas o aun secciones enteras. Los otros maestros me habían condicionado. Saltarme las páginas no parecía ser lo correcto. Entonces otro mal consejo llegó a mi mente: "Termina siempre lo que empiezas". Y por tanto me invadía una sensación extraña, como de culpa, por saltar de una sección a otra, pero al mismo tiempo lo disfrutaba. Las ilustraciones me intrigaban y me hacían pensar en la vida y en la época de los artistas tras las obras de arte, y así fue como empezó mi fascinación con el arte y las extraordinarias figuras que lo crean.

Al viajar por el mundo a través de los años, he visitado galerías de arte, pequeñas y grandes, en más países de los que puedo recordar. Evidentemente están las obras maestras que hay que ver. Varias veces contemplé la *Mona Lisa* de Leonardo da Vinci y estuve bajo el *Juicio Final* de Miguel Ángel en la Capilla Sixtina. Cada vez que regreso, me digo a mí mismo que esta será la última vez que batallaré en medio de las multitudes de turistas, pero algo me trae de vuelta. Cada vez hay algo nuevo y refrescante en la experiencia. Me inspira una y otra vez, y las fuentes de inspiración son irresistibles e imposibles de ignorar.

Matisse, Warhol, Chagall, Monet, van Gogh, Pollock—es sorprendente que sus obras se encuentren en tantas ciudades alrededor del mundo. Sin embargo, mi artista favorito es Picasso. No sé a ciencia cierta por qué, pero hay algo de su arte y de su persona que me intriga. Sin duda hay aspectos de su vida que son trágicos o con los que no estoy de acuerdo, pero su autenticidad siempre me ha fascinado.

Hacia el ocaso de su vida, él solía recordar cuando lo entrevistaban: "Cuando era niño, mi mamá me decía constantemente: Pablo, si te haces soldado, llegarás a ser general y si te haces cura llegarás a ser papa. En cambio, decidí ser pintor y me convertí en Picasso".

Todos y cada uno de nosotros debemos emprender ese mismo trayecto desde las expectativas que otros tienen de nosotros hasta la celebración del verdadero ser para el cual Dios nos ha creado. No hay nada malo en ser soldado o sacerdote, pero si naciste para ser artista y en vez de eso te haces soldado, sería una tragedia. Llegar a ser aquella persona para la cual has sido creada es lo único que importa y es el único éxito verdadero y perdurable.

Una mujer podría ocupar la cúspide entre los presidentes destacados de su nación, pero si Dios la creó para ser una maestra de secundaria, ella experimentará una sensación interna de insatisfacción durante toda su vida.

Es esta sensación interna de insatisfacción la que debemos identificar y erradicar. El gran reto es no buscar el éxito ante los ojos del mundo, sino descubrir cuáles son tus habilidades únicas y ofrecérselas al mundo de la mejor manera posible. Sentirse a gusto contigo mismo, con el lugar donde te encuentras y con lo que estás haciendo vale más que todos los tesoros y placeres que el dinero puede comprar. El éxito de este mundo y las ganancias materiales son relativamente fáciles. Este reto no consiste en la búsqueda de éxito sino en la búsqueda de la paz interior al ser fieles a quien somos realmente, seres únicos creados de forma admirable por Dios.

Al estudiar el judaísmo, he encontrado fascinantes las enseñanzas e historias del Rabino Zusya. En todas las épocas han existido personajes grandiosos que han enriquecido a los demás con su sabiduría y él es uno de ellos. En una ocasión dijo: "En el mundo venidero no me preguntarán: ¿Por qué no fuiste Moisés? Me preguntarán: ¿Por qué no fuiste Zusya?" "¡Simplemente sé tu mismo!" ¿Qué tan frecuentemente escuchas esta frase? Me encanta el final de la canción *Englishman in New York*, cuando Sting repite una y otra vez: "Sé tú mismo no importa lo que digan". Lanzamos esa idea pero no nos detenemos a pensar cuán difícil es deshacernos de las expectativas de los otros, de las experiencias pasadas y de las falsas expectativas que tenemos de nosotros mismos.

Sólo una cosa se te puede pedir con razón: que seas tú mismo. Muchas personas usan esto como excusa para satisfacer su comportamiento autodestructivo o para justificar sus debilidades. Proclaman en voz alta: "¡Este es quien soy!" Esto es un signo de inmadurez por el cual todos pasamos en algún punto de nuestro camino. Pero es un punto que hay que pasar, no un punto a partir del cual vivimos la vida.

Recuerda lo siguiente en todo momento: ser tú mismo nunca te conducirá a destruirte de ninguna forma o en ningún grado. Ser verdaderamente tú nunca te llevará a una versión minimizada de ti. Y ser tú implica que todo lo que hagas y digas ayudará a otros a convertirse en una versión mejorada de sí mismos.

NUESTRO DESEO DE COMPLACER

Desde que nacemos, buscamos comprender y descubrir nuestra verdadera identidad. Es sorprendente ver qué diferentes son los niños unos de otros desde sus primeras semanas y meses de vida. La identidad dada por Dios está presente desde ese momento. Al ir creciendo hay un riesgo de que se desvíen de esa identidad dada por Dios y que esta se vea afectada por la influencia de las personas y de los lugares que los circundan. Con mucha frecuencia, rechazamos nuestra identidad como hijos de Dios, creados de manera maravillosa, única e irrepetible y adoptamos falsas identidades que nos hacen enfocarnos en qué hacemos o en qué tenemos, y es ahí cuando experimentamos una crisis de identidad.

Todos hemos escuchado historias de los "terribles dos años", cuando los niños aprender a decir *no*. Al principio ellos simplemente prueban sus límites con el fin de aprender su lugar, pero aun a una corta edad se dan cuenta de su poder para manipular a las personas y las situaciones. El ansia de control sale a la luz muy temprano. El otro período en que lidiamos fuertemente con la identidad es durante la adolescencia, cuando comenzamos a explorar el terreno de las decisiones adultas y a hacer valer nuestra independencia.

A lo largo de todas las etapas de nuestra vida, paralelamente a nuestro deseo de independencia experimentamos un deseo de complacer a los que tenemos a nuestro alrededor. Este deseo surge de nuestra necesidad de afirmación, estímulo, aceptación y pertenencia. Queremos ser independientes pero también deseamos la aprobación y el amor de los demás. Esto es natural, pero dependiendo de quién es el objeto de nuestra complacencia y de cómo lo estamos haciendo, podríamos ser vulnerables a todo tipo de distorsiones psicológicas. Aun así, la mayoría de nosotros salimos de estos períodos relativamente ilesos, considerando el nivel de riesgo que acarrean. No obstante, algunas experiencias sí pueden marcarnos y dejarnos con un deseo de agradar que puede ser sano o enfermizo.

El servicio a los demás es ciertamente una forma de encontrarnos a nosotros mismos, pero puede ser también una forma de perdernos. El deseo de complacer a otros y de que nos complazcan es parte de un vínculo indescriptible entre los diferentes miembros de la familia humana. Este deseo de complacer y de servir debe ser suscitado por las necesidades de los otros, no por otros motivos ulteriores. Debemos servir a los demás por el mero gusto de servirles, no por una ganancia personal. La visión de servicio que tenía Jesús se basaba en una generosidad radical, y Él nos invita a todos y cada uno de nosotros a servir intensamente.

El Evangelio nos libera de nuestro egoísmo y nos inspira a asombrar a los demás con nuestro servicio generoso.

Hay algunas personas a las que nunca dejamos de intentar agradar, por toda clase de razones sanas y enfermizas, razones que parecen estar tan entretejidas con quienes somos que todo un equipo de psicólogos tendría dificultad para encontrarles sentido. ¿Quiénes son aquellos a los que nunca dejamos de intentar agradar? Para la mayoría de la gente son los padres o uno de ellos. Para otros puede ser alguien que solía aconsejarnos a nivel personal o profesional. Y para otros, este puede ser un amor pasado o el primer amor.

En mi caso, son mis padres. Cuando miro hacia el pasado, veo que siempre he querido agradar a mis padres, y más que eso, he querido impresionarlos. Por encima de todo, he deseado que estén orgullosos de mí. Afortunadamente nunca me presionaron ni depositaron expectativas en mí, vocacional o profesionalmente. Al inicio, cuando empecé a escribir y a dar conferencias, no me apoyaron mucho. Pude ver que cuestionaban mi decisión, pensaban que estaba cometiendo un error y estaban preocupados por mí. Todo eso me ocasionó gran angustia. Afortunadamente experimenté dentro de mí un llamado muy fuerte de Dios. Para entonces había desarrollado verdaderamente el hábito diario de pasar un tiempo en silencio, y fue en esos momentos, día a día, que aprendí a escuchar mi voz interior, la voz de la consciencia y el consejo del Espíritu Santo.

Y aún así, hay algunos días en que me encuentro con el deseo de agradar a mis padres. Sé que me aman profundamente, pero quiero que se sientan orgullosos de mí como ningún padre se haya enorgullecido de su hijo antes. Incluso ahora, quiero agradar a mi padre que ya ha fallecido y quiero que esté orgulloso de mí. Hay momentos en los que tengo que detenerme y recordarme a mí mismo cuan complacido estaba él al final de su vida con la forma en que yo escogí vivir la mía. Y aún añoro una onza más de certeza.

La experiencia me ha enseñado que no estoy solo en todo esto. Una de mis pasiones son las películas. No le presto mucha atención a la televisión, pero me fascinan las buenas películas que me sacan de la burbuja de mi propio mundo, expandiendo mi visión de mí mismo y del mundo. Una de mis líneas favoritas de todos los tiempos es de una película de Robert Redford llamada *El mejor*. Robert Redford hace el papel de un beisbolista, Roy Hobbs, quien ayuda a su tambaleante equipo de Nueva York a conquistar el campeonato.

Hacia el final de la película, el entrenador le está contando a uno de sus asistentes que su mamá le había dicho que debía ser granjero. El entrenador posiblemente tenía entre sesenta y setenta años y todavía estaba pensando en lo que su madre consideraba que él debía hacer con su vida. El entrenador sigue hablando y dice que si no hubieran ganado el campeonato se habría retirado y se habría ido a comprar una granja.

Hobbs se encontraba de pie detrás de los entrenadores y escuchaba la conversación mientras ellos se rasuraban. "No hay nada como una granja" les dice con una sonrisa para alertarlos de su presencia. El entrenador lo mira por el espejo, sin voltearse y le dice: "Mi mamá siempre me dijo que yo debía ser un granjero".

La sonrisa de Hobbs se disipa y baja la mirada por un momento como recordando algo de hace mucho tiempo, y luego mirando hacia arriba con toda la convicción del caso, dice: "Mi papá quería que yo fuera un beisbolista".

Es sorprendente el poder que tiene sobre el resto de la vida una madre que desea que su hija sea abogada o doctora, o un padre que quiere que su hijo sea maestro o beisbolista. Comparto todo esto para ilustrar los fuertes vínculos emocionales que llevamos con nosotros a lo largo de nuestra existencia y la enorme carga que pueden representar las expectativas que los demás tienen sobre nosotros.

Parte del proceso de descubrir nuestra verdadera identidad es desarrollar un deseo de agradar y servir a otras personas pero de una manera sana. Conozco padres que tienen hijos ya crecidos y todavía a estas alturas les recogen las cosas, les hacen las compras, les lavan su ropa y hasta les hacen la cama. Eso no es sano, ni para los hijos ni para los padres. Crea una situación de control y codependencia que en último término impacta negativamente la relación del uno con el otro y la habilidad que tienen de ser auténticamente ellos mismos. Por otra parte, conozco padres que, en situaciones de emergencia, han volado de un lado a otro del país para cuidar a un hijo adulto que estaba enfermo, dando lugar a una relación nueva y más profunda entre padre e hijo.

También es importante recordar que lo que es sano para ti puede ser enfermizo para alguien más. El ofrecerse a organizar una subasta en la escuela de tu niño o ayudar en la guardería de tu parroquia puede ser sano para ti, pero para otra persona que tiene mil cosas que hacer, puede que no sea recomendable. Algunas cosas no son sanas por su misma naturaleza, y otras no son sanas cuando se suman a todo lo que ya tenemos. Algunas cosas buenas son malas para ti.

Hay varios indicadores que nos ayudan a determinar si nuestro deseo de servir es sano. Comencemos por examinar nuestros motivos. ¿Por qué nos planteamos la posibilidad de hacer esto? ¿Responde a un sentimiento de culpa u obligación, o genuinamente nos sentimos llamados a ayudar de esa manera?

¿Va a ayudar a la otra persona a llegar a ser la mejor versión de sí misma? ¿Te va a ayudar a ti en convertirte en la mejor versión de ti mismo? Si nos han pedido hacer algo, ¿quién nos lo ha pedido y cuáles fueron sus motivos para hacerlo? ¿Sientes que Dios te está llamando a hacerte cargo de esto? Otra herramienta poderosa de discernimiento es escuchar tu propio cuerpo. Cuándo piensas en lo que tienes por delante, ¿experimentas una sensación de alivio o una pesadez, algo que te oprime? Finalmente, pregúntate a ti mismo, ¿cómo te sentirás cuando hayas concluido lo que estás considerando?

Podemos extendernos en cualquiera de las direcciones, y como pasa con la mayoría de las cosas, la respuesta se encuentra en un punto medio. Algunos nunca están disponibles para servir a nadie y viven absortos en su propio mundo. Otros se enredan tanto en sus actos de servicio que pierden de vista su propia identidad. Todos tenemos gran necesidad de servir, de hacer una contribución. En mi propia búsqueda de felicidad, me gusta recordarme que no conozco a una sola persona egoísta que sea feliz. Aprender a servir a los demás de una forma sana es parte de alcanzar la madurez como ser humano. Simplemente debemos encontrar un sano equilibrio. Nuestro deseo de agradar a los demás es innato. En última instancia debemos decidir quién será nuestra audiencia—nuestros padres, hijos, amigos, colegas, jefe, los críticos, el cónyuge, uno mismo, Dios. Todos hemos conocido gente que trata de agradar a todo el mundo y termina siendo totalmente miserable. ¿En quién te enfocarás?

¿ERES FELIZ?

Realmente. Piénsalo por un instante. No dejes pasar esta pregunta como que si sus palabras no acarrearan ninguna importancia. ¿Eres feliz?

Dado que comencé a hacer esta pregunta en mis seminarios, las personas también me la plantean. Al principio siempre decía que sí, ya sea porque eso era lo que los demás querían escuchar o porque sentía que era lo que debía contestar. Sin embargo me parecía que denotaba cierta falta de autenticidad. A veces no estaba feliz. Entonces, cuando la gente me preguntaba, comencé a darme un espacio y a conectarme con mis propios sentimientos para contestar de manera significativa.

Para la mayoría de la gente la respuesta es simplemente "sí", "no" o "sí, pero podría ser más feliz". No hay prácticamente ninguna persona que no tenga ni gota de felicidad en su vida. Así como tampoco hay quien que sea completamente feliz.

Algunas personas no son felices porque no les gusta su trabajo o el cónyuge que tienen. Otros no son felices porque no saben cómo relajarse o valorar lo que son y lo que poseen. Algunas personas son terriblemente infelices por un desequilibrio químico en sus cerebros. Lo he visto. Es real y trágico. Pero la mayoría de nosotros experimenta infelicidad cuando nos desconectamos de nosotros mismos.

La infelicidad es el fruto de hacer y decir cosas que se contradicen con lo que somos y con el propósito para el cual estamos aquí. La infelicidad no es algo que nos pasa como si fuéramos pobres víctimas. La infelicidad es algo que nos hacemos a nosotros mismos. Tú puedes escoger ser feliz—y nunca lo olvides, Dios quiere que seas feliz más de lo que lo quieres tú mismo.

Hay personas que han escogido ser felices aun en peores circunstancias que las tuyas o en medio de circunstancias que probablemente nunca enfrentarás. Nadie lo ha demostrado mejor que Viktor Frankl en *El hombre en busca de sentido* donde plasmó sus experiencias en los campos de concentración nazis durante la Segunda Guerra Mundial. Una y mil veces, él se encontró con gente que aunque se estaba muriendo del hambre compartiría sus inadecuadas raciones con otros. Frankl explica que mientras unos trataban de quitarse la vida y se revolcaban de lástima por sí mismos, otros estaban llenos de una felicidad inexplicable, de un gozo real que era independiente de la materia o de las circunstancias. Su felicidad no dependía de que las circunstancias externas fueran favorables sino que tenía su fuente dentro de ellos mismos.

¿Cuál es la causa de tu infelicidad?

¿Llevas una carga demasiado pesada por las expectativas que otros han puesto sobre ti? ¿Son estas expectativas factibles y sanas, o son ilusiones enfermizas? ¿Te dices que otras personas han puesto estas expectativas sobre ti? ¿Te dices que otros son la causa de tu infelicidad? ¿Que si ellos hicieran lo que se supone que deben hacer, entonces tú serías feliz? ¿Está todo el mundo fuera de lugar o estás tú fuera de lugar? Tal vez es más simple de lo que te parece. Quizás es tu trabajo, tu cónyuge, tu jefe o tus niños.

Hay un sinfín de maneras y razones para no ser feliz en este preciso momento. La infelicidad es siempre una opción, pero la felicidad también lo es.

¿Pero qué es la felicidad? No se define fácilmente, pero todos la reconocemos cuando la experimentamos. Me pregunto con frecuencia qué creía Thomas Jefferson que era la felicidad cuando escribió en su Declaración de Independencia: "Sostenemos estas verdades como irrefutables, que todos los hombres han sido creados iguales, que fueron dotados por su Creador de ciertos derechos inalienables como el derecho a la vida, a la libertad y a la búsqueda de la felicidad".

Déjame contarte mis experiencias con la felicidad y su fea hermana gemela, la infelicidad.

La primera cosa que he aprendido es que nunca serás feliz pretendiendo ser otra persona distinta de la que Dios te ha llamado a ser. En numerosas ocasiones y demasiado vergonzosas como para recordarlas, he tratado de impresionar a otros pretendiendo ser una persona distinta a la que soy realmente. Una voz gentil dentro de mí me advertía que me estaba traicionando, pero la ignoré, ocasionando que me sintiera muy incómodo conmigo mismo. El resultado nunca era lo que yo tontamente estaba convencido que iba a ser.

La mayoría de la gente puede detectar cuando alguien está pretendiendo ser otra persona distinta a la que realmente es, tan fácilmente como pueden detectar a un adolescente que quiere ser el centro de atención o a un hombre que lleva puestos unos zapatos cuatro números por arriba de la talla que debe usar. Si vamos a ser felices, será siendo nosotros mismos.

La segunda cosa que aprendí es que el placer y la felicidad no son sinónimos. La diferencia y la distinción entre los dos es sutil pero real.

El placer no puede prolongarse más allá de la experiencia que lo produce. Comes y experimentas placer. Dejas de comer y el placer se acaba. Esa es la razón por la cual no dejamos de comer. No es que tenemos hambre; es que disfrutamos del placer que viene del comer. Hemos desligado el comer de la función de suministrar los nutrientes a nuestros maravillosos cuerpos y lo hemos convertido en un pasatiempo. Lo mismo aplica a tantos otros placeres de este mundo.

La felicidad es diferente. La felicidad puede prolongarse más allá de la experiencia que la produce. Por ejemplo, el ejercicio. Llegas a la casa del trabajo y es tu día de ejercitarte. No te apetece ir a hacer ejercicio, y entonces debes tomar una decisión: ¿Te vas a plantar en tu sillón reclinable frente a la pantalla para tontos de 127 pulgadas con una bolsa de 300 onzas de papas fritas o vas a hacer ejercicio? La decisión es tuya. La pregunta es: ¿Qué te generará felicidad? Algunos dirán que ver televisión y comer papas, pero eso sería confundir el placer con la felicidad duradera.

Piensa en otros momentos en los que no te has sentido deseoso de hacer ejercicio. Algunas de esas veces posiblemente escogiste el sillón reclinable, las papas y la televisión. ¿Te trajo felicidad? ¿Cómo te sentiste tres o cuatro horas más tarde? ¿Refrescado y rejuvenecido? Creo que no. ¿Cómo te sentiste respecto a ti mismo?

Por otro lado piensa cuantas veces no has tenido ganas de hacer ejercicio, pero de todas formas lo haces. Una vez que concluyes tu rutina, te sientes contento de que lo hiciste, ¿no? Y el sentido de satisfacción y bienestar dura por horas después de que has concluido el entrenamiento. Eso es felicidad. La felicidad puede prolongarse más allá del lapso que dura la actividad que la produce.

Con frecuencia juzgamos una actividad de acuerdo a cómo nos sentimos antes de hacerla. Este es un error. No deberíamos juzgar una actividad de acuerdo a cómo nos sentimos antes, sino después de hacerla.

En cada momento de nuestra vida escogemos entre la felicidad y la miseria. A veces la miseria a largo plazo viene disfrazada de placer a corto plazo. Tarde o temprano, la mayoría de nosotros nos percatamos de que nuestro deseo de felicidad es mucho más que un simple deseo de placer y que el placer no saciará nuestra sed de felicidad. Algunos de nosotros tardamos más en aprender que otros, pero a su tiempo la mayoría descubre que lo que anhelamos es una felicidad duradera en un mundo cambiante. Tristemente antes de descubrirlo, muchos ya han adquirido adicciones importantes que los dejan viviendo como esclavos del placer durante toda su vida.

Anhelamos una felicidad que puede perdurar y que no depende de sustancias—comida, bebidas, drogas—y una felicidad que puede perdurar independientemente de las circunstancias—éxito, dinero, posesiones, oportunidades, clima y así sucesivamente.

La felicidad es un trabajo interior y tiene muy poco que ver con sustancias, dinero, posesiones, placer o circunstancias.

El tercer aspecto que logré comprender es que la sabiduría popular es errónea. Nuestra cultura propaga la idea de que si sales y obtienes lo que quieres, serás feliz. Por cincuenta años esa ha sido la filosofía dominante, y la gente ha estado saliendo y obteniendo lo que desean en proporciones cada vez mayores. Pero mira a tu alrededor. No hay evidencia en nuestra sociedad que sugiera que la gente es hoy más feliz de lo que lo era hace cincuenta años. De hecho, hay evidencia de exactamente lo contrario. Hoy más que nunca, las personas parecen estar más irritables, más inquietas y más descontentas. Las tasas de suicidio y los índices de depresión están alcanzando niveles epidémicos, y aun así continuamos proclamando esta filosofía como la gran cura de nuestros tiempos.

La filosofía del "sal y obtén lo que quieras" es un experimento fallido, pero continuamos diciéndonos a nosotros mismos que cuando consigamos lo que deseamos en suficiente medida, entonces seremos felices. La razón por la cual no funciona es porque nunca puedes obtener suficiente de lo que realmente no necesitas (cfr. Eclesiastés 5:10–15). El obtener lo que quieres no necesariamente te hará feliz. Tienes que desear lo correcto. Desear lo correcto te conduce a la felicidad. La felicidad nace cuando comenzamos a desear y a buscar lo que realmente necesitamos.

Mi cuarto y último aspecto del que me percaté es este: la felicidad no puede encontrarse persiguiéndola. Esta idea desconcierta. Es una idea que la mayoría de nosotros nos negamos a sopesar o a creer. Pero es una de las grandes verdades en nuestra búsqueda de una felicidad duradera. Si te fijas a la idea de buscar y encontrar felicidad, te eludirá en todo momento. Si conviertes la felicidad en un fin en sí mismo, nunca la tendrás. La felicidad no es un fin ni tampoco una experiencia. La felicidad es un subproducto.

La felicidad no se logra teniendo éxito en su búsqueda, sino viviendo rectamente. Mi amigo Antonio me dice una y otra vez, "¡Simplemente haz lo correcto!" En cada situación, en cada coyuntura, en cada encrucijada, simplemente haz lo correcto de nuevo.

Si la decisión que debes tomar es ejercitarte o vegetar en frente de la televisión, simplemente haz lo correcto. Si la decisión está entre engañar a tu esposa o serle fiel a ella, simplemente haz lo correcto de nuevo. Si la decisión está entre trabajar bien y con empeño o consentir la pereza y posponer las obligaciones, haz nuevamente lo correcto. Algunos podrían argumentar que estos son ejemplos muy simples y preguntar "¿Qué tal si tengo que discernir entre ayudar a mi hijo con la tarea o a mi cónyuge con los platos?" o "¿Cómo decido entre aceptar un ascenso que me generará suficientes recursos para enviar a mis hijos a la universidad o aceptar un trabajo que me encanta, pero que limitará mis posibilidades con respecto a las universidades? Las preguntas que la vida nos lanza ocasionalmente pueden traer consigo muchas tonalidades de gris. Lo que tenemos que recordar es que debemos tomar una decisión a la vez. La mejor forma de prepararnos para el futuro es tomar la decisión correcta en este mismo instante. ¿Tomarás a veces la decisión equivocada? Claro. Todos lo hacemos. Pero la mayor parte de las veces, si nos examinamos—y tomamos una pausa para escuchar nuestra voz interior—vamos a tomar la decisión correcta.

Al hacer sucesivamente lo correcto, aceptamos y vivimos las respuestas a las preguntas que en ese entonces no pudimos responder, porque no era el momento de hacerlo. ¿Quién sabe que estarás haciendo dentro de un mes, dentro de un año, dentro de diez años? Pero si en todo momento te ocupas de hacer lo correcto—aquello que desde ahora te ayudará a convertirte en una mejor persona—cuando llegue el momento, te verás frente a las decisiones que hoy te dejan perplejo y las podrás abordar con calma y sapiencia. No tomes hoy las decisiones que requieras tomar la próxima semana, el próximo mes o el próximo año. Toma buenas decisiones hoy con respecto a los asuntos de los que debas encargarte hoy.

Nada te trae tanta felicidad como vivir rectamente. Piensa en la gentil voz que susurra en tu interior. Todos tenemos una. Algunos la llaman consciencia. Llámala como tú quieras, pero está dentro de todos nosotros. Me gusta pensar en ella como la mejor versión de mí mismo que me habla suplicándome que le permita cobrar vida. Puede ser que quieras pensar en ella como la suave voz de Dios, serena y silenciosa que te guía (cfr. 1 Reyes 19:12).

Esta voz interior quiere desesperadamente guiarnos a la felicidad, pero frecuentemente la ignoramos, o giramos y le damos la espalda al camino que sugiere tomar. Permíteme hacerte una pregunta. ¿Cuándo fue la última vez que llevaste a la práctica lo que tu voz interior te sugirió y cosechaste infelicidad? ¿Te ha conducido esa voz alguna vez a traicionarte a ti mismo?

La búsqueda de la felicidad implica distintas cosas para distintas personas. Implica cosas distintas para ti y para mí en diferentes etapas de nuestro camino. Algunos parecen, por naturaleza, tener una mayor inclinación a la felicidad. Tienden a ser agradecidos. Otros parece que se irritan, se disgustan y se inquietan con facilidad.

Debo confesar que me considero parte del último grupo. Debo hacer un esfuerzo consciente cada día para generar una actitud de agradecimiento. Con frecuencia tiendo a ser escéptico y pesimista. Sin ningún esfuerzo consciente, puedo volverme irritable, inquieto e inconforme. Probablemente no he sido siempre así, y sin duda he hecho algo para fortalecer estas tendencias. Posiblemente no nací con ellas pero vivo con ellas todos los días. Quizás en esto soy un poco severo conmigo mismo, como lo soy en otras cosas.

A juzgar por su apariencia, muchas personas parecen ser felices, pero en su interior son terriblemente infelices. Una vez salí con una chica así. Era espectacularmente linda, segura de sí misma, inteligente y con un gran sentido del humor—en muchos sentidos, perfecta. Siempre estaba sonriendo y riéndose y haciendo que otros sonrieran y se rieran. Pero conforme la fui conociendo, me di cuenta que todo era simplemente una fachada. En lo más profundo de su ser albergaba un mundo entero de temor y de dolor.

La felicidad es en gran medida como la riqueza y la sabiduría: aquellos que la poseen generalmente no necesitan hablar de ella, y aquellos que constantemente están hablando de ella generalmente no la poseen. Sabes cuando la tienes y sabes cuando no, ¿pero sabes qué la genera? Estas nueve lecciones nos equipan con ideas prácticas y eficaces para poder descubrir el sueño de Dios en nuestras vidas y crear felicidad duradera en este mundo cambiante. No constituyen un programa asfixiante de "haz esto o aquello" sino más bien ofrecen sugerencias sobre cómo abordar la vida un día a la vez.

UNA OPORTUNIDAD DE UN CAMBIO RADICAL

Con frecuencia concluyo mis correos electrónicos con las últimas palabras de mis obras previas: "¡Algo maravilloso está a punto de suceder!"

La gente con frecuencia me pregunta cómo puedo estar lleno de tanta esperanza conociendo los retos que enfrenta la humanidad y habiendo visto y experimentado tantas cosas en el mundo. Mis razones para tener esperanza son simples. En primer lugar pienso que las personas tienen una enorme capacidad de bien porque hemos sido creados a imagen de Dios. Esta bondad se manifiesta especialmente cuando su supervivencia no se ve amenazada y las necesidades básicas están siendo satisfechas. En la mayoría de los casos, mi experiencia ha sido que las personas desean el bien de los otros y quieren que a ti y a mí nos pasen cosas buenas. La segunda razón es porque creo en nuestra propia capacidad de crecimiento y de cambio. Muchas personas no pueden creer que los otros puedan cambiar, pero yo he visto hombres y mujeres que surgen de patrones de fracaso y comportamientos adictivos que en su momento parecían sin ninguna posibilidad de mejora, y en esos hombres y mujeres he presenciado el milagro de la transformación humana. Mi tercera razón para tener esperanza es porque tengo la certeza de que cada momento es otra oportunidad de un cambio radical.

Hace un par de semanas recibí una carta de una mujer que había estado leyendo mis libros y se había topado con la frase "¡Algo mara-villoso está por suceder!" De vez en cuando entre toda la correspon-dencia y las miles de comunicaciones que recibo, hay alguna nota, alguna carta o algún correo que dice algo que me emociona y me estimula. En su carta, ella simplemente quería hacer notar que si bien es bueno y sano tener esperanza para el futuro, no deberíamos pasar por alto que algo maravilloso de hecho *está* sucediendo.

Lo maravilloso que está sucediendo es este preciso momento. No hay ninguna oportunidad ni ningún maestro como el momento que estamos viviendo. Rebosante de posibilidades, el momento presente quiere que lo aprovechemos, que lo disfrutemos, que lo vivamos y que le saquemos hasta la última gota de zumo que puede ofrecernos.

Lo que pasa con los momentos es que no siempre llegan cuando nos conviene. Los momentos llegan sin anunciarse. Los momentos importantes son especialmente difíciles de predecir. La única forma efectiva de estar preparado para los momentos difíciles y espléndidos de la vida es estar asiduamente atento y consciente del momento presente.

La consciencia del momento presente es algo que puede lograrse de diferentes formas sencillas. Puedes decidir preguntarte una y otra vez: "¿Qué podría hacer ahora mismo que me ayudara a ser la mejor versión de mí mismo?" Si ese fuera el estribillo de tu diálogo interno, con el pasar del tiempo te convertirás en un experto en vivir el momento presente de forma consciente. Yo prefiero, "¿Dios, qué piensas que debo hacer en esta situación?" Esta pregunta ha transformado mi vida más veces de las que puedo contar—cuando he tenido el valor de preguntarla.

Con frecuencia pasamos días y semanas deseando algo para nuestra vida, esperando vivir una experiencia futura que hemos fantaseado borre todos nuestros problemas y nos haga felices. Mientras tanto la vida se nos va de las manos, momento a momento.

Lo que más aprecio de los momentos es que son administrables. Puedo administrar un momento. Los días, las semanas, los meses y los años nos parecen a veces eternos. Si me digo a mí mismo que no voy a comer chocolate por un mes, me obsesiono con ello. Pero, cuando las ansias por comer chocolate me invaden, me digo: "No en este momento". Eso puedo manejarlo. De esta forma los momentos desempeñan un papel que impacta de forma importante nuestra habilidad para hacer y celebrar nuestros avances.

La otra cosa maravillosa sobre los momentos es que nos proporcionan miradas fugaces de la mejor versión de nosotros mismos. Cada día encuentro momentos en donde puedo mirar atrás y honestamente afirmar, "En ese momento fui plenamente yo mismo." No en muchos de ellos, pero en algunos sí. En esos momentos sé que no me pude haber conducido mejor. Entre más recuerdo y celebro esos momentos, y entre más busco comprender lo que me permitió brillar entonces, con más frecuencia me encuentro replicándolos.

Piensa en esto. ¿En qué momentos de la semana pasada o la antepasada fuiste la mejor persona que pudiste ser? ¿Cuáles fueron los factores que contribuyeron? ¿Cómo puedes incrementar el número de esos momentos?

Estos momentos proporcionan las claves que nos revelan el camino que nos conduce a estar en paz con quienes somos, el lugar donde estamos y lo que estamos haciendo. Una vez que experimentamos esa paz, es sorprendente lo fácil que es ver lo bueno en cada persona y en cada situación. Es ahí entonces que nos inunda un sencillo sentimiento de gratitud por la vida, que eleva nuestro espíritu.

Sería yo negligente si no reconociera el papel que el momento desempeña en el éxito que logramos en cualquier campo. Todo éxito tiene sus raíces en ser capaz de capitalizar el momento, en vivirlo con intensidad y en sacarle provecho respecto a lo que hay que aprender, ganar o lograr.

Aquí en mi escritorio, en mi estudio donde escribo, tengo un reloj de arena. Lo pongo de cabeza y vacía la arena en una hora exactamente. Hace años estaba yo caminando por las calles de Roma con mi amiga Gaia cuando vi el reloj en la ventana de una famosa tienda de juguetes justo al costado de la Plaza Navona. Tan pronto lo divisé, sabía exactamente para qué lo quería y dónde lo pondría.

Puedes preguntarte por qué es un instrumento de tanto impacto para mí. La razón es que en cierto sentido, siempre estamos perdiendo el tiempo. Nunca encuentras tiempo; o se usa acertadamente o bien se desperdicia absurdamente. Miramos los relojes y los usamos. Sus manecillas circulan y circulan alrededor de la carátula o bien, exhiben números digitales que cambian con la misma frecuencia. Todo esto crea la ilusión que el tiempo sigue ahí permanentemente. Nos da la impresión que el tiempo es circular. Pero no lo es. Es lineal. Una vez que pasa, ha pasado.

Parece que alguien está siempre haciendo una nueva versión de la película basada en la novela de H. G. Wells, *La máquina del tiempo*. En versiones más recientes, el énfasis parece estar en este mensaje: no puedes cambiar un solo momento del pasado, así que abraza el momento presente y cambia el futuro. Hay fuerza en este momento. Úsala, encáusala, aprovéchala. Los momentos son como los pétalos de una rosa; se caen al suelo si no hay vida en ellos.

DEL DESCONCIERTO A LA CLARIDAD

Parece que pasamos horas interminables planeando y preocupándonos por un futuro distante que a ninguno de nosotros se nos ha prometido, y aun así, fácilmente pasamos por alto el hecho de que la forma en que le hagamos frente al aquí y al ahora, determinará en gran medida como lucirá el futuro. En la jerga financiera, la lección sería: Cuida los centavos, y los billetes se cuidarán solos. En el lenguaje de la vida y del tiempo, la lección es muy similar.

Cuando me siento frustrado, enojado, confuso o distraído, con frecuencia llamo a mi amigo Antonio. Siempre me hace la misma pregunta: "Entonces, ¿qué pasa?" Luego me da la oportunidad de desahogarme un poco. Creo que él ha percibido desde hace mucho tiempo que necesito personas en mi vida que me permitan desahogarme y heroicamente se ha ofrecido a hacerlo. Una vez que he terminado de desvariar sobre lo que me tiene con el ánimo bajo, generalmente me ofrece el mismo sencillo consejo: "Simplemente haz lo correcto".

Me lo dice una y otra vez. Yo me lo digo a mí mismo una y otra vez. Y aun así necesito escucharlo una y otra vez. Es sorprendente con que rapidez las cosas pueden cambiar positivamente de rumbo si simplemente nos enfocamos en hacer lo correcto, una y otra vez. Quizás eso significa ejercitarse, o podría significar disculparse. Podría ser dejar de poner excusas y de postergar para entregarnos a nuestro trabajo o a un proyecto; o quizás cenar bien y saludablemente o llamar a tu madre.

Una de las razones por la cuales hacer cada vez lo correcto puede cambiar las cosas rápidamente es porque con gran frecuencia, lo que nosotros pensamos que era el problema o lo que nos está afectando el ánimo reside en nuestra imaginación. La realidad difiere de lo que se alberga en nuestra mente, dado que tenemos la tendencia a distorsionar o a exagerar. Otra de las razones por las cuales hacer cada vez lo correcto puede cambiar prontamente nuestra condición es porque nos hace movernos inmediatamente en la dirección del cambio, nos hace avanzar. Y cuando avanzamos, nos sentimos mejor respecto a nosotros mismos y a la vida.

A veces las personas me dicen, "¿Pero que tal si no sabes cuál es la próxima decisión correcta que debes tomar?" La verdad es que casi siempre lo sabemos. En más del 99 por ciento de las veces, sabrás cual es la respuesta si permites que por un momento el silencio impregne tu interior e ilumine lo más profundo de tu ser. Sabrás lo que puedes y lo que deberías hacer ahora mismo para llegar a ser una mejor versión de ti mismo. En el 1 por ciento restante, tal vez necesitas recurrir a un amigo para que te ayude a discernir lo correcto, pero si te comprometes a tomar la decisión acertada, la encontrarás.

La belleza real de enfocarse en acciones inmediatas es que disipa las nubes del desconcierto. De vez en cuando, todos nos sentimos confundidos, pero casi nunca tenemos confusión respecto a lo que debemos estar haciendo en este instante. Simplemente haz lo correcto una y otra vez, y verás cuan asombrosamente claro se vuelve el próximo paso a tomar. La claridad se presenta momento a momento.

¡*Simplemente haz lo correcto ahora!* Este es el mensaje que emana del interior de nuestro ser una y otra vez a lo largo de nuestras vidas. Un paso nos lleva a dar el otro. No nos podemos saltar los pasos intermedios. Dedícate al ahora, y el futuro será más profundo y más abundante porque tuviste la sabiduría, el coraje y la disciplina de asumir este momento.

Segunda Lección
¡SIMPLEMENTE HAZ LOCORRECTO Y HAZLO AHORA!

Ya sea que te esté costando vencer un patrón de fracaso, que estés anhelando paz interior, tratando de procurar una felicidad duradera para tu vida, deseando tener éxito en tu carrera, tratando desesperadamente de superar la postergación, o bien batallando con una adicción, esta lección te da la llave para hacerlo. ¡Simplemente haz lo correcto y hazlo ahora! En cada momento continúa haciendo lo correcto, una y otra vez. No puedes salirte de estos problemas simplemente pensando o hablando. Actuaste de cierta forma para meterte en ellos, y ahora debes actuar de cierta forma para salirte de ellos. Debes actuar realmente, sin pretender ni aparentar. Es la acción decidida la que te conducirá a ser una mejor versión de ti mismo, y la acción es la llave para avanzar.

Cuando sientas que no tienes el valor para llevar algo a cabo o enfrentarlo, simplemente haz lo correcto. Y prosigue tu camino, haciendo lo correcto una y otra vez. Te sorprenderá ver con qué rapidez perseveras en la situación particular que enfrentas si lo manejas de esta forma. No te afanes por la semana que viene, o el mes o el año que viene. Simplemente haz lo correcto y continúa haciéndolo. Gradualmente irás deshaciéndote de los patrones destructivos que te afectan. No puedes deshacerte del patrón que te detiene y no te deja avanzar exclusivamente pensando, orando, deseando o esperando. Debes actuar, dando un paso a la vez.

Momento a momento, haciendo simplemente lo correcto, avanzarás del desconcierto a la claridad, de la incomprensión al discernimiento, de la desesperación a la esperanza, de la oscuridad a la luz y descubrirás tu verdadero ser, la única persona que Dios te llamó a ser.

Aplicando la segunda lección:

¡SIMPLEMENTE HAZ LO CORRECTO Y HAZLO AHORA!

Pondré en práctica la segunda lección para descubrir el sueño de Dios en mi vida, a través de los siguientes pasos:

1. En cada momento y en cada circunstancia, haré lo que honestamente creo que es lo correcto. A lo largo del día, me lo plantearé, especialmente cuando me percate de que estoy distraído, desenfocado u ocioso. ¿Qué puedo hacer ahora mismo que me ayude a llegar a ser más plenamente yo mismo? Una vez que determine qué es lo que debo hacer, actuaré sin titubear.

2. Le consultaré a Dios respecto a cada una de mis decisiones, deteniéndome cuando sea necesario para reflexionar y preguntarle cual es el mejor curso de acción para la situación que tengo entre manos. Me acostumbraré a tomar nota cuando me sienta consolado o experimente un desasosiego en mi interior. Recordaré que las mejores decisiones que tomamos y las únicas que nunca lamentamos se toman desde lo más profundo de nuestro ser.

3. Participaré más plenamente de cada instante, procurando tener consciencia del momento presente. Buscaré activamente las lecciones y las oportunidades que cada momento quiere otorgarme. En cada momento me haré presente y accesible a las personas, los lugares y las actividades en que me encuentro.

4. Escogeré la felicidad como mi "ajuste predeterminado" a nivel emocional. Cuando elijo la tristeza, lo haré con el fin de sanarme del dolor que he experimentado. En estos momentos no le pondré resistencia a la tristeza; en lugar de ello, me rendiré a ella, permitiendo que me permee como camino de sanación. Me propondré ser consciente de las personas, las acciones, los pensamientos, los lugares y las cosas que contribuyen a mi felicidad o infelicidad. A medida que pasa el tiempo, comenzaré a tomar nota de quién y qué contribuye consistentemente a mi felicidad.

5. Renunciaré al ideal de perfección que se enfoca en la apariencia externa para poner mi atención en la perfección que tiene que ver con el carácter, la integridad y el estado interior. Tendré presente que ser plenamente yo mismo siempre me hará avanzar por el camino que conduce a la mejor versión de mí mismo. Honestamente buscaré determinar los aspectos de mi imperfección que son parte integral de mi ser y cuáles por el contrario, se derivan de un defecto de mi carácter. En cada encrucijada, recordaré que mi única obligación es ser yo mismo.

Tres

Mirando hacia el futuro

Si somos sinceros respecto a nuestro deseo de ser mejores personas y de contribuir a un mundo mejor, ¿sabemos entonces qué es lo que implica esto y cómo debemos lograrlo? ¿Realmente creemos que el dinero y un nivel de vida cada vez más sofisticado resolverán todos nuestros problemas y nos traerán felicidad? ¿Puede la política negociar el cambio que tanto deseamos para nuestras vidas y para el mundo en que vivimos?

Probablemente hay muchas cosas que pueden propiciar el progreso que anhelamos, pero la perspectiva que encuentro más contundente es la sugerida por Guillermo de Ockham en su conocido principio, la Navaja de Ockham: permitamos que nuestra guía sea la respuesta más simple. ¿Cuál es la respuesta más simple a los problemas que enfrentamos? ¿Qué factor impactará en mayor medida el cambio que deseamos? ¿Cuál es aquello que por sí solo puede propiciar un genuino avance en nuestras vidas y en la sociedad en general?

La respuesta es el carácter. El carácter afectará tu futuro más que cualquier otro ingrediente. El carácter constituye la mejor preparación para cualquier escenario. El carácter es la mejor inversión que puedes hacer en tu futuro y en el futuro de la humanidad. El carácter es la simple respuesta, pero sería un error confundir simple con fácil.

¿PUEDES VER EL FUTURO?

"Hablemos del futuro". ¿Alguna vez tus padres o tus maestros te dijeron esto? Con frecuencia las personas se obsesionan por conocer el futuro, pero usualmente pasan por alto los indicadores más importantes.

¿Te gustaría ver el futuro? Algunos dicen que sí, y otros que preferirían no hacerlo. La gente responde de diferentes maneras por diferentes motivos. Algunos quieren ver el futuro para percatarse de algo que no quieren y poder hacer así algo al respecto. Otros no quieren verlo porque creen que si ven algo que no les gusta no tendrán el poder de cambiarlo.

La realidad es que hasta cierto punto, podemos ver el futuro, y podemos hacer algo al respecto si vemos algo que no nos gusta. Las ideas generan acciones. Las acciones generan hábitos. Los hábitos generan carácter. Y tu carácter es tu destino—en el mundo laboral y en las relaciones. En cada esfera de tu vida, tu carácter te proporciona una mirada relevante de tu futuro.

En el centro del carácter encontramos nuestros hábitos. El carácter no es lo que alguien dice sino lo que de hecho hace. Los hábitos son bloques que construyen el carácter. ¿Cuáles son tus hábitos? ¿Qué cosas haces todos los días, todas las semanas o todos los meses? Si tú me puedes decir cuáles son tus hábitos, yo te diré como se ve tu futuro. El futuro no es algo que nos ocurre. Es una expresión externa de nuestra realidad interna.

Podemos ver el futuro. Si tu carácter es tu destino, ¿cómo se ve tu futuro? El peligro en contestar esta pregunta es que podemos estar tentados a aislar sólo un trazo de nuestro carácter y precipitarnos a valorar nuestro futuro basándonos en ese único detalle. Algunos de nosotros tenemos la tendencia de apresurarnos ante algo negativo y otros tendemos a hacer lo mismo ante algo positivo. Pero somos más complejos que eso. Algunos de los hábitos que constituyen nuestro carácter apuntan hacia un futuro feliz y próspero, y otros suponen miseria en algún punto del camino. Tenemos que ser honestos con nosotros mismos y considerar tanto los aspectos positivos como negativos de nuestro carácter. Es fácil concentrarnos en uno o dos aspectos de nuestro carácter e ignorar el resto. El enfocarnos en una porción tan pequeña de quienes somos puede sesgar nuestros hallazgos. Una forma de evitar este escollo es preguntarles a los otros cuáles consideran que son las fortalezas y debilidades de nuestro carácter. Las personas a nuestro alrededor usualmente ven cosas que nosotros no vemos.

La buena noticia es que independientemente de lo que descubramos, tenemos la capacidad de modificar nuestros hábitos y de mejorar nuestro carácter. Si no nos gusta lo que vemos cuando miramos al futuro a través del telescopio del carácter, podemos cambiar el mañana. ¿Cómo? Cambiando nuestros hábitos. Nuestras vidas cambian cuando nuestros hábitos cambian. Es cierto que si me cuentas cuáles son tus hábitos actuales, te puedo decir cómo luce tu futuro; pero si me dices cuáles son los nuevos hábitos que vas a implementar este año, te puedo decir qué tan diferente será tu vida este año en comparación a la del año pasado.

Si miraras a tu futuro y vieras dificultades y angustia o victorias y gloria, ¿cómo te prepararías entonces para el mañana? La realidad es que en el futuro, posiblemente tendrás que hacerle frente a todas estas cosas en distintos grados y en los momentos en que menos las esperas. La mejor forma de prepararse para lo inesperado es empezar a formar el carácter.

El carácter es la mejor forma de prepararse para cada situación.

UNA MEJOR VIDA, UN MEJOR FUTURO

Por miles de años, la gente se ha estado haciendo las mismas preguntas. La tecnología y las circunstancias en nuestras vidas han cambiado, pero no así la esencia de los retos que como seres humanos enfrentamos, dado que fuimos creados con un propósito esencial, común e inalterable. Dios nos ha puesto a cada uno de nosotros aquí sobre la faz de la Tierra para llegar a ser la mejor versión de nosotros mismos. Las situaciones y circunstancias particulares que se nos presentan son sólo oportunidades para vivir este propósito. Los problemas que atravesamos no yacen ahí sobre todo para ser resueltos sino para ayudarnos a convertirnos en la mejor persona que podemos ser. Las preguntas que nos resultan difíciles de responder hoy son las mismas que hace mil años la gente tenía dificultad en contestar. Aristóteles y Sócrates lidiaron con las mismas inquietudes con las que tú y yo lidiamos hoy.

Esta es la primera de esas preguntas que trascienden el tiempo: ¿Es mejor vivir bien o vivir por muchos años? Tal vez nunca nos hemos planteado esta interrogante o no nos hemos dado el tiempo para reflexionar en eso. No obstante es una pregunta relevante. La mayoría de la gente sensata estaría de acuerdo con que es mejor vivir bien, al menos en teoría. Sin embargo, al estar al borde de la muerte o enfrentando la vejez posiblemente muchos dudarían. Por supuesto, todos podríamos diferir en cuanto a lo que significa vivir bien, pero eso es en parte la razón por la cual estamos navegando por estos rumbos. Para algunos vivir bien implica tener dinero y posesiones; para otros supone contribuir a una sociedad mejor o tener oportunidades o bien, respetar un código moral. Para otros simplemente quiere decir divertirse y gozar de buena salud.

Y para ti, ¿qué significa vivir bien?

Si deseamos mejorar nuestras vidas, primero debemos saber qué es lo que producirá la mejora que deseamos. Por experiencia propia, sé que el dinero y las oportunidades pueden mejorar nuestras vidas, pero sólo hasta cierto punto. La realidad es que este aspecto se sobreestima con demasiada frecuencia.

La calidad de nuestras vidas mejora sustancialmente cuando nosotros modelamos nuestro carácter, cuando nos comprometemos a trabajar en él.

La cultura popular parece estar mucho más interesada en la fama y en el talento que en el carácter. Las estrellas que emula la gente y los héroes que la inspiran son seleccionados casi exclusivamente con base en su talento y en su fama. El hecho de que esa celebridad cuente o no con características dignas de ser imitadas no parece ser un criterio de selección. Por otro lado, nosotros también nos constituimos, de una u otra manera, en los héroes y modelos que nosotros mismos seguiremos. Nos convertimos en aquellas personas que admiramos. Y si eso es cierto, ¿no deberíamos estar interesados en ver hacia adónde nos está llevando esta corriente?

Parecemos estar más interesados en el talento de alguien que en su forma de conducirse como persona. ¿Hemos pasado por alto el simple hecho de que el talento es algo con lo que nacemos? Estamos totalmente de acuerdo; se requiere trabajo y dedicación para que el talento produzca máximos resultados, pero la mayoría de la gente extraordinariamente talentosa ha nacido con una capacidad en cierta área, de la que no gozamos todos. Ellos afilan su segueta, pero la segueta les fue dada como un don.

La otra gran verdad es que el talento es limitado. Tu habilidad para mejorar los talentos que te han sido dados es casi ilimitada, pero no puedes incrementar *el número* o *el tipo* de talentos que tienes. Los talentos son genéticos y son dados por Dios. Naciste con talentos. Los tienes o no los tienes. Si no tienes talento para cantar, no puedes cantar y no desarrollarás ese talento. Si no cantas muy bien y tomas lección tras lección y llegas a cantar bien, quiere decir que el talento estaba allí. Posiblemente estaba medio escondido, esperando ser descubierto, pero ya estaba ahí. El explorar diferentes actividades nos permite descubrir nuestros talentos de tal forma que los podamos cultivar. Esa es la razón por la cual una educación integral incluye la exposición a diversas áreas y disciplinas.

Sin embargo, aunque el talento es limitado, tu habilidad de crecer en el desarrollo de tu carácter es virtualmente ilimitada. Entonces ¿por qué pasamos tanto tiempo enfocados en el talento y tan poco tiempo desarrollando el carácter?

Si verdaderamente queremos mejorar nuestras vidas y el mundo en que vivimos, necesitamos cambiar nuestro foco de atención de lo que poseemos y lo que hacemos a quiénes somos y quiénes estamos llegando a ser. La obsesión que tenemos por el talento y la fama, el dinero y las posesiones, nos están distrayendo de la verdadera fuente de plenitud y de profunda satisfacción en la vida: el carácter.

El carácter es un obsequio que te haces a ti mismo, y es una de las pocas cosas que nunca nadie te puede quitar.

¿QUÉ TE INSPIRA RESPETO?

He tenido una vida extraordinaria. A veces cuando las personas me preguntan cómo estuvo mi día o quieren enterarse de los acontecimientos más recientes de mi vida, comienzo a hablar y luego veo esa expresión de asombro en sus rostros. Entonces comienzo a escuchar mis propias palabras y me doy cuenta que lo que es un día o una semana ordinaria para mí deja perpleja la imaginación de mucha gente. Mi vida no es mejor ni peor que la tuya, es simplemente distinta. Y de la misma forma en que algunos quisieran experimentar los elementos extraordinarios de mi vida, te puedo asegurar que a mí también me encantaría que los elementos ordinarios de sus vidas fueran parte de la mía de vez en cuando.

Las personas me preguntan cuáles son los lugares que prefiero entre los países que he visitado, que son más de cincuenta. Mientras reflexiono en las razones por las cuales esos son mis favoritos, descubro que es la gente de esos países lo que me atrae. Cuando has viajado tanto como yo, llegas a darte cuenta que no es dónde estás sino con quién estás lo que más importa.

A lo largo de los años literalmente he conocido cientos de miles de personas, pero mientras miro en retrospectiva, hay ciertas personas que recuerdo, otras que admiro y sólo un puñado de gente a la que respeto profundamente. Algunas personas son difíciles de olvidar porque son cálidas y hospitalarias y otras porque te hacen reír hasta que te duele la panza. Hay personas que recuerdo simplemente porque se encontraban allí en el mismo momento en que algo maravilloso o trágico sucedió. Luego están los que admiro. Admiro a la gente por un sinfín de razones. Admiro a los que cuidan su físico, tal vez porque reconozco cuán difícil es hacerlo. Algunos ponen el pretexto de que no es algo natural en ellos. No creo que un cuerpo en forma le llegue con naturalidad a nadie. Cuando veo las Olimpiadas y miro los cuerpos extraordinarios de los atletas, sé que son el resultado de una disciplina extraordinaria, y admiro eso.

Admiro el gran talento. Los músicos, los artistas, los escritores, los actores, los atletas, los maestros, los científicos, los santos y otros líderes espirituales, todos los que ponen en práctica sus talentos a un nivel extraordinario me causan fascinación, y admiro eso.

Admiro la creación de grandes empresas y la generación de trabajos y riqueza. Esto es parte de lo que me ha intrigado desde que tengo corta edad. Muchos de mis amigos son líderes de negocios y empresarios y con frecuencia me maravillo de la forma en que funcionan sus mentes y el bien increíble que pueden hacer con su riqueza e influencia. También admiro a los que han trabajado duro toda su vida, ahorrado a duras penas, invertido sabia y consistentemente y reunido una pequeña fortuna. Admiro eso.

Pero a través de los años durante mi tiempo de reflexión personal, me he preguntado constantemente: ¿Qué me inspira respeto? Y en lo más profundo de mí, creo que hay una única cosa que verdaderamente respeto de forma reiterada a través del tiempo y es la virtud. Respeto la virtud. La virtud me inspira. La virtud en otros me reta. La virtud me eleva. La virtud me permite vislumbrar lo que es posible. La virtud me da esperanza en el futuro de la humanidad.

Cuando identifico la virtud en la vida de un hombre o una mujer, mi primera respuesta es querer pasar más tiempo con esa persona. Pero también he notado que en ocasiones algunas personas virtuosas me rechazan, y hay ciertamente momentos en que yo las evito. Reflexionando me he dado cuenta de que en esos momentos estoy haciendo caso omiso al llamado de crecimiento personal y me he dado una pausa en el camino para consentir algún comportamiento autodestructivo y la mera presencia de esas personas virtuosas me reta a reanudar el curso y a asumir mi yo auténtico.

Lo que me llama más la atención de la gente virtuosa, genuinamente virtuosa, es que independientemente si me gustan o no como individuos, si estoy de acuerdo o en desacuerdo a nivel ideológico o bien, si tenemos o no personalidades compatibles, no puedo evitar respetarlos. Simplemente no hay nada más atractivo que la virtud.

El carácter se construye de hábito en hábito. El buen carácter se construye de virtud en virtud. La virtud es un buen hábito, un hábito que nos lleva a convertirnos en la mejor versión de nosotros mismos. La piedra angular del carácter es la virtud.

El carácter es un elemento medular de nuestra felicidad. Es más probable que las personas pacientes experimenten una felicidad duradera que aquellas que son impacientes. Es más factible que las personas generosas y agradecidas puedan crear una felicidad sostenible en sus vidas que aquellos que son codiciosos y malagradecidos. Nunca he conocido a nadie que guarde rencor en su corazón que sea verdadera y profundamente feliz. Las personas gentiles parecen vivir más felices que los que actúan groseramente y se sulfuran por nada. La moderación parece ser mejor camino para llegar a la felicidad duradera que la glotonería y la lujuria. La bondad nos genera una felicidad que eclipsa el placer de darse gusto a cada instante.

Pregúntate lo siguiente: ¿Preferirías tener un vecino que es bueno y considerado o rudo y egocéntrico? ¿Preferirías trabajar para una mujer que es honesta y atenta o para una que es deshonesta, intrigante e indiferente? ¿Preferirías estar casado con alguien agradecido, paciente y generoso o con alguien que es malagradecido, impaciente y egoísta? ¿Escogerías tener como amigo a alguien íntegro o a alguien en quien no puedes confiar que va a hacer lo que dice?

En mi caso, yo prefiero rodearme de personas virtuosas, porque su alegría de vivir y su virtud son contagiosas. Su mera presencia me ayuda a convertirme en una mejor versión de mí mismo.

Nuestra cultura ha reducido toda virtud a la virtud universal de "caer bien", lo cual ni siquiera es una virtud. La gente comenta, "¡Qué bien me cae ella!", "¡Es tan agradable ese hombre!" o "¡Qué simpático es él!", que en esencia, frecuentemente significan que ese hombre o esa mujer nunca dice o hace nada que moleste a la persona que hace el comentario. El que te cae bien nunca "agita la colmena", hiriendo así las susceptibilidades de otras personas y nunca reta a crecer en la práctica de las virtudes. En este sentido, esta forma de ser no suscita admiración. Honestamente espero que los que me conozcan nunca me describan como "agradable" en este contexto. Ocasionalmente espero causar cierta incomodidad en las personas con que me relaciono, desconcertarlos de vez en cuando, retarlos de formas que los hagan sentirse intranquilos. Porque si de tanto en tanto cruzo la línea de "caer bien" con las personas que tengo al lado, entonces estoy prácticamente seguro que no soy el hijo, el hermano, el amigo, el jefe, el colega, el ciudadano o el hombre que aspiro a ser.

El amor tiene sus implicaciones, nos exige cosas. Jesús nos enseña que amar es dar la vida por los otros, tanto en lo grande como en lo pequeño (cfr. Juan 15:13).

Amar a alguien implica que de vez en cuando requerirás, por ese mismo amor, decirle algo a esa persona que ella preferiría no escuchar. El ser franco y directo es uno de los elementos fundamentales de las relaciones sanas, y aun así la mayoría de las personas carecen de la virtud de retar de esta forma a los que dicen que aman. El ejemplo más obvio es la forma en que muchos padres están criando a sus hijos actualmente. Parece que hay un mayor interés en ser amigo de sus hijos que en ser un padre. Sus niños no necesitan otro amigo, necesitan tener padres. En esa búsqueda de aceptación y aprobación por parte de sus hijos, muchos padres retraen el elemento correctivo del esquema de crianza y no sirven de guía para sus hijos.

Con frecuencia veo una situación similar entre los profesores de secundaria quienes evaden la responsabilidad que se les ha confiando en términos de disciplina, meramente para ganar popularidad entre sus estudiantes.

Hemos confundido el "caer bien" con la virtud. El "caer bien" no es una virtud.

En mis viajes por el mundo hablando en público, percibo cada vez con más intensidad que la gente siente que algo falta. Por un tiempo muchos de nosotros sentíamos que como individuos, algo estaba ausente en nuestras vidas. Asimismo, recientemente, más y más gente parece estarse despertando ante el hecho de que aquello de lo cual carecemos está también ausente a mayor escala, es decir, falta algo en nuestra sociedad. Aunque la mayoría no puede articularlo, a más y más gente le embarga la sensación de que conjuntamente, hemos olvidado o perdido algo.

Tienen razón. Hemos perdido algo. Dejamos algo atrás. En nuestra obsesión con el cambio, olvidamos una verdad fundamental, que el progreso es un cambio que hace que nuestras vidas y nuestra sociedad sean mejores. Sólo cuando crecemos en la práctica de las virtudes es que nuestras vidas pueden mejorar de forma genuina y sostenible. Las virtudes, de forma individual, son los ladrillos que construyen nuestro carácter, y el carácter es la médula del progreso auténtico de los individuos, de las comunidades, de las culturas y de la sociedad. ¿Qué me inspira respeto? Respeto la virtud. Y a ti, ¿qué te inspira respeto?

¿ERES DIGNO DE CONFIANZA?

Si la virtud es la que causa que nuestras vidas y nuestra sociedad mejoren, entonces debemos hacernos la pregunta "¿Qué significa entonces ser virtuoso?" La fiabilidad es universalmente aceptada como un buen indicador del buen carácter. Primero que todo, cuando hablamos de virtud ya sea en un hombre o en una mujer, hablamos de honestidad y de verdad: honestidad consigo mismo y con otros y un hambre insaciable de conocer y de vivir la verdad.

La honestidad rigurosa y el amor por la verdad dan, a su vez, lugar a la integridad. La honestidad significa que nos pueden tomar la palabra y que se puede confiar en lo que decimos. La integridad significa que pueden contar con que haremos lo que decimos que vamos a hacer. Juntas, la honestidad y la integridad nos hacen dignos de confianza—fiables. Como dijo una vez George Washington: "Espero poseer siempre la firmeza y virtud suficientes para conservar el que considero como el más envidiable de todos los títulos: el carácter del "hombre honesto".

Sin embargo, la honestidad no es tarea fácil hoy en día. Parece que celebramos una honestidad a conveniencia, en que una cierta dosis de mentira y engaño se considera necesaria. Somos honestos cuando no nos cuesta nada, pero en el momento en que somos llamados a sacrificar algo para serlo, abandonamos esta virtud.

Nos enseñan una honestidad por conveniencia desde una edad muy temprana. Recuerdo que cuando era niño, mis hermanos mayores nos llevaban al cine. Justo antes de ir a comprar las entradas me decían qué edad tenía ese día. Si tenía once pero había un precio especial para niños menores a once años, entonces automáticamente me convertía en un niño de diez. Es algo pequeño, pero es deshonesto, y los niños aprenden esas lecciones muy rápidamente.

Poco a poco esta honestidad de conveniencia se ha metido sigilosamente en nuestras vidas y se ha convertido en una norma aceptable en nuestra sociedad. La honestidad rigurosa es muy difícil de encontrar.

Pero si somos deshonestos con otros también lo estamos siendo con nosotros mismos. La realidad externa no es otra cosa que una expresión de nuestra realidad interna: debemos mentirnos a nosotros mismos antes de mentirle a los demás; y esa es una traición contra nuestro propio ser.

El primer paso es ser honestos con nosotros mismos; sin embargo, nos engañamos de tantas formas, voluntaria y conscientemente. Nos decimos que tenemos que hacer lo que hacemos y que no hay otras opciones. Nos decimos que tenemos que vivir donde vivimos. Nos decimos que si nuestro cónyuge no fuera como es, nosotros no estaríamos donde estamos, emocionalmente hablando. Nos decimos que nuestra pareja va a cambiar. Nos decimos que tenemos que sentir lo que sentimos. Si de algo somos víctimas, somos víctimas de nuestro propio engaño.

Sé honesto contigo mismo. ¿Esa relación, te está llevando a algún lado? ¿Por qué gastas tanto dinero y ahorras tan poco? ¿Necesitas ponerte otra vez a dieta o en lugar de eso, tienes que aprender a comer moderadamente? Si pudieras hacer cualquier cosa con tu vida, ¿qué harías? ¿Por qué lo harías? Sinceramente, ¿con qué frecuencia te ejercitas? ¿Te das regularmente un espacio de quietud para discernir quién eres y para qué estás aquí? ¿En qué eres realmente bueno? ¿Qué cosas buenas te sientes inspirado a hacer? ¿Qué es aquello que podrías hacer y que impactaría significativamente tu vida? ¿Estás trabajando con ahínco para hacer tus sueños realidad?

Nos mentimos acerca de nosotros mismos, de nuestro trabajo, de nuestra pareja, de nuestros hijos y de un sinnúmero de personas y situaciones: "Mi vida sería perfecta si perdiera peso (o renunciara a mi trabajo o encontrara a la pareja perfecta)". "Él realmente me ama; simplemente tiene miedo a comprometerse". "Simplemente no podía decir que no". "Podría dejarlo si realmente quisiera hacerlo". "No necesito ayuda". "No estoy extraviado". "Si tuviera más tiempo, haría más ejercicio (o escribiría un libro o volvería a estudiar o le dedicaría más tiempo a mi familia)". "Ella lo engañó, pero nunca sería capaz de engañarme a mí".

¿Por qué nos mentimos? Tal vez porque sea muy difícil enfrentar la realidad o porque nos hace falta el coraje para actuar de acuerdo a la verdad que sabemos estamos evadiendo. Nos mentimos en un intento distorsionado de mantener nuestra cordura, pero de hecho son las mentiras las que no hacen perderla.

El ser honestos con nosotros mismos es un elemento vital de nuestra integridad. Es precisamente el primer paso. La honestidad con nosotros mismos es lo que nos posibilita ser honestos con los demás. No te ha pasado que escuchas a alguien relatar algo totalmente inverosímil y te preguntas: "¿De verdad él cree lo que está diciendo?"

La respuesta es que probablemente sí. Tenemos una habilidad impresionante para engañarnos a nosotros mismos. Los psicólogos que tratan con los delincuentes hablan de asesinos que de hecho se convencen a sí mismos de no haber cometido el crimen. Todos somos capaces de engañarnos y en algún momento, en mayor o menor grado, todos hacemos uso de esa habilidad.

En ocasiones lo hacemos por conveniencia y a veces por cobardía. No quiere decir que seamos malintencionados; a veces es simplemente un mecanismo de supervivencia. La verdad parece intolerable. Sin embargo, si aprendemos a escuchar a nuestro cuerpo, si aprendemos a captar esas sensaciones de tranquilidad o de desasosiego, pronto reconoceremos que el engaño es un elemento autodestructor.

¿En qué aspecto de tu vida no estás siento honesto contigo mismo?

De la honestidad con nuestro propio ser, nos movemos a la honestidad con los demás. Sería muy extraño, por no decir imposible, ser más honesto con alguien de lo que eres contigo mismo; por lo tanto, entre más nos engañemos, menos autenticidad reflejaremos en nuestra comunicación con los demás. Tarde o temprano todo lo que llevamos en nuestro interior se manifestará como una realidad externa.

A veces nuestra tendencia a engañarnos tiene sus raíces en que no nos conocemos bien. Cuando estoy hablando en público y le pido al auditorio que levanten la mano aquellos que se consideran mejores conductores que el promedio, más del 80 por ciento la levanta. La matemática nos sugiere que la gran mayoría de los que levantaron la mano no están en lo correcto. La otra opción es que mis seminarios atraigan exclusivamente a los mejores conductores, lo cual encuentro muy poco probable. ¿Me están mintiendo? No lo creo. ¿Están engañándose conscientemente? Lo dudo. A pesar de eso, un porcentaje de estas personas está equivocado, e independientemente de su intención, esta concepción errónea sigue impactando sus vidas y las vidas de los demás. Tal vez cuando manejan, creen que pueden manejar un poco más rápido que la mayoría porque son mejores conductores que los demás. Es algo pequeño, algo simple, pero que ilustra cuan importante es esforzarnos por conocernos, si queremos ser honestos con nosotros mismos y con los demás.

La mayoría de las personas se consideran honestas. ¿Lo eres tú? Intenta lo siguiente: durante la semana entrante lleva una libreta y un bolígrafo adondequiera que vayas. Anota cada vez que te encuentres diciendo una mentira o pensando hacerlo. En este último caso, pregúntate: "¿Si no estuviera haciendo este ejercicio, habría mentido?" Te sorprenderá ver con cuánta frecuencia estás en situaciones en que normalmente exagerarías o mentirías.

El hacer este ejercicio te permitirá tener una mayor consciencia de tus pensamientos y acciones a lo largo del día. También introduce un elemento de responsabilidad: al rendirte cuentas, es más probable que seas más honesto contigo mismo y con los demás. Los ejercicios al final de cada capítulo están diseñados para ayudarte a aplicar estas lecciones a tu vida de esta manera. Te ayudan a tener una mayor consciencia del cambio que quieres lograr y te proporciona herramientas de seguimiento que son necesarias para implementar cambios sostenibles en tu vida.

La otra faceta de la honestidad y de la integridad es cuando no decimos lo que deberíamos. Qué fácil habría sido para Jean Valjean en *Los miserables* morderse la lengua durante el juicio de ese pobre hombre, para permitir que ese extraño fuera condenado por los crímenes que él había cometido y poder así encubrir su propia identidad para siempre. Pero habría sido deshonesto. A veces el no hablar es mentir. El silencio puede constituirse a veces en una forma de violencia.

La virtud no es algo que podemos apagar y encender como que si fuera una bombilla. No sé cuántas veces a lo largo de los años alguien me ha dicho: "Me dijeron esto en confidencia, pero . . ." Inmediatamente esta persona me está diciendo que no le puedo decir nada confidencialmente. Y cuántas veces, cuando a alguien lo han pescado en una mentira, la persona responde: "¡Pero nunca te mentiría a ti sobre ese asunto!" La honestidad no es una virtud de medio tiempo.

De ser honesto con nosotros mismos y con los demás, pasamos a ser honestos en relación a los demás. Qué fácil es caer en habladurías

sobre diversas personas y situaciones, acerca de gente que conocemos y que no conocemos y asuntos de los cuales sabemos poco o no
sabemos nada. En tan sólo pocos minutos podemos ensombrecer el
carácter de una persona que ni siquiera está presente para salir en su
propia defensa. Podemos ocasionar daños irreparables a la reputa-
ción de una persona con tan sólo unas pocas palabras.

Generalmente el chisme se encuentra presente en el meollo de
nuestra falta de honradez. Voluntaria o involuntariamente, consciente
o inconscientemente, cuando hablamos *acerca* de los demás nos invo-
lucramos en un episodio helicoidal de mentiras y engaño. Entonces,
¿por qué lo hacemos? Usualmente no con una mala intención. En la
mayoría de las ocasiones es porque simplemente no tenemos la energía emocional para pelear la batalla, o para mancharnos, o porque
queremos sentirnos integrados y aceptados, o porque no queremos
alterar a ciertas personas. Pero todo esto nos hace reflexionar sobre
cuan honestos somos acerca de los demás. Entonces planteémonos
las siguientes tres preguntas:

1. ¿Soy honesto conmigo mismo?
2. ¿Soy honesto con los demás?
3. ¿Soy honesto acerca de los demás?

Desafortunadamente, muchas personas sienten que necesitan mentir y engañar para tener éxito en lo que sea que hagan. En muchos
sentidos, debido a la situación de nuestro sistema social, político
y empresarial, el tema de la honestidad puede descender a una
conversación bastante negativa. Pero antes de seguir adelante con
nuestra breve discusión sobre honestidad y veracidad, permíteme
enfatizar un aspecto muy positivo de esta temática y una de las cualidades más atractivas a la que una persona puede aspirar. Siempre
he tenido un enorme respeto por las personas que buscan la verdad.
¿Eres tú buscador de la verdad? No es fácil serlo. Con frecuencia
cuando tenemos interrogantes sobre determinada situación en nuestra vida, no buscamos activamente la verdad respecto al asunto que

tenemos entre manos; sino que nos la vamos arreglando en medio de la confusión mientras estas preguntas se agudizan en nuestro corazón y en nuestra mente, inquietándonos y afectándonos. Pero al crecer en sabiduría y al tomar la decisión de formar activamente nuestro carácter a través de la virtud, se desarrolla en nosotros una intensa hambre por la verdad. Hay pocas cualidades más atractivas en una persona que el hacer suya la búsqueda de la verdad.

¿Buscamos la verdad en nuestras vidas? ¿Promovemos un amor por la verdad en nuestra mente y en nuestro corazón? ¿Le rendimos tributo a la verdad? ¿O evitamos la verdad cuando tiene que ver con ciertos temas, porque intuimos que el descubrirla nos retaría a cambiar la forma en que vivimos la vida? Todos los grandes desengaños tienen su origen precisamente en esta dinámica de búsqueda o aversión a la verdad.

La integridad y la honestidad no se adquieren simplemente deseándolas, ni la gente simplemente las obtiene con el pasar del tiempo. Para poseer y retenerlas debemos buscarlas proactivamente y defenderlas vigilantemente. La tendencia es que con el tiempo, en lugar de brotar, se vayan perdiendo; por lo tanto, debemos nutrir estas cualidades seriamente.

En muchos momentos del día tenemos que escoger entre una honestidad radical con nosotros mismos y los demás, o una honestidad de conveniencia que tarde o temprano descenderá a una telaraña de mentiras y engaño. Por tanto, en estas encrucijadas realmente estamos escogiendo entre nuestro verdadero yo y una versión inferior de la persona maravillosa que somos capaces de ser.

La honestidad y la integridad son simplemente dos de las muchas virtudes a las que podemos aspirar. Nos hemos referido a ellas como un ejemplo porque ocupan un lugar esencial en el desarrollo del carácter, y porque son prerrequisitos de muchas otras virtudes. Al emprender la búsqueda del carácter debemos partir de la honestidad. No hay integridad personal sin honestidad, y no hay felicidad duradera sin integridad personal. Es hora de realizar un inventario personal y evaluar el estado de nuestro carácter.

El alcanzar la virtud auténtica no es ninguna tarea fácil. Requiere una dedicación constante a la verdad. Hoy en día, pocas personas tienen la suficiente ambición como para querer ser un hombre o una mujer de virtud, y este es el primer signo de decadencia en cualquier civilización. Espero con todo mi corazón que podamos volver a despertar la ambición por la virtud en nuestras propias vidas y en las vidas de las personas que nos rodean.

EL ENEMIGO DEL CARÁCTER

El enemigo del carácter es el ego. Cada uno de nosotros tenemos dos seres en nuestro interior, el verdadero y el falso. Los dos están constantemente luchando el uno contra el otro por supremacía. El verdadero ser nos habla a favor del carácter y el falso, a favor del ego. El ser auténtico encuentra su identidad en todo lo que es bueno, verdadero, bello y noble, mientras que el ego nos hace constantes demandas que se fundamentan en la inseguridad y en el engrandecimiento de uno mismo. El carácter emerge como producto del verdadero ser mientras que el ego levanta su abominable cabeza como expresión del falso ser. El carácter es el embajador del yo superior, mientras que el ego representa el yo inferior.

¿Cuál de los dos seres escogerías? ¿El superior o el inferior? ¿El auténtico o el falso? ¿El carácter o el ego? ¿Estás en disposición de desestimar las constantes demandas del ego y trabajar arduamente para forjar una identidad basada en el carácter, una virtud a la vez?

Es este conflicto entre yo superior y el yo inferior, entre el carácter y el ego, el que envuelve todo el drama de la naturaleza humana. Toda la buena música, las películas y las historias tienen como centro esta lucha. En el interior de las personas y entre las personas, dentro de las naciones y entre naciones, la batalla es entre el carácter y el ego. En toda dinámica entre seres humanos lo que presenciamos es esta lucha constante entre estos dos entes. El carácter y el ego están en una constante competencia por dominar dentro de nosotros y nuestro estado interior busca expresarse externamente.

Nuestro ego nos coloca en el centro del universo, y el resto de las cosas y de las personas están en el lugar correspondiente o fuera de él, de acuerdo con nuestros caprichos, antojos, fantasías y nuestros deseos individualistas. Cuando vivimos bajo una perspectiva egocéntrica, todo sucede en relación a nosotros. Todo lo que vemos y escuchamos, lo vemos y escuchamos en relación a nosotros. Cuando las personas nos hablan, no tratamos de entender lo que nos están queriendo comunicar, sino que lo filtramos y percibimos sólo lo que nos interesa o lo que nos puede afectar. Un ejemplo extremo podría ser que alguien cercano a nosotros se enferme y nos molestamos porque su enfermedad ha interferido con nuestros planes.

La vida nunca se desarrolla como creemos y los eventos raramente transcurren exactamente como nos gustaría; entonces, si vivimos la vida desde una perspectiva egocéntrica estaremos constantemente frustrados y desilusionados. Consumidos por nuestro ego, cada persona y cada cosa parece siempre estar fuera de lugar. Un mundo egocéntrico, no obstante, es meramente una ilusión. La realidad es que cada persona y cada cosa están en su lugar, precisamente donde deberían estar en este mismo instante. Somos nosotros los que estamos fuera de lugar. Al sucumbir en la seducción mental del ego, nos hemos posicionado erróneamente en el centro del universo, adonde definitivamente no pertenecemos. Todo pareciera estar fuera de lugar, cuando en efecto somos nosotros los que lo estamos.

Entre más nos sometemos a las demandas del ego, más lo potenciamos, y entre mayor control sobre nosotros le permitimos, más irritables, inquietos y frustrados nos ponemos. Esto es porque las cosas inevitablemente no sucederán siempre como a nosotros nos gustaría. Hay muchos factores fuera de nuestro control, y cuando las cosas no salen como quisiéramos, hacemos un berrinche como lo hace un niño malcriado. Desde su perspectiva egoísta, un niño ve sus deseos como la prioridad número uno, y cuando esos deseos no son satisfechos, todo el mundo está equivocado y el universo está fuera de balance. Todos caemos en este tipo de comportamiento de vez en cuando.

Quizás vayamos a reunirnos con alguien y esa persona se ha retrasado. Visto en el contexto más amplio, esto no es nada, pero podríamos hacer una tormenta en un vaso de agua. Tal vez ni siquiera abramos la boca, pero dentro de nosotros permitimos que el enfado nos carcoma. ¿Cuántos hombres conozco que siempre se están quejando de que a sus mujeres les toma demasiado tiempo alistarse? Podrían simplemente sentarse, relajarse y leer un rato mientras esperan—unos minutos antes o después no hacen la gran diferencia—pero deciden que unos pocos minutos los alteren. En estos escenarios y en muchos otros, el asunto medular es que los eventos no transcurren exactamente como lo queremos.

La verdad es esta: no somos el centro del universo, y cuando tratamos de ubicarnos allí, quedamos perfectamente posicionados para ser el blanco de la frustración y del desaliento. El ego nunca está satisfecho, y mientras tanto, el verdadero ser queda satisfecho viviendo plenamente el momento presente como una oportunidad de avanzar hacia la mejor versión de sí mismo, poniendo todos los medios que estén a su alcance. Si esperar pacientemente te ayuda a llegar a ser una mejor persona, el yo auténtico está satisfecho esperando con paciencia, pero el ego estará inquieto. Si el ayudar a alguien a alcanzar su sueño te ayudará a construir una mejor relación con esa persona, el yo auténtico disfruta de eso, pero el ego quiere ser siempre el centro de atención. El yo auténtico se interesa genuinamente por los demás, pero el ego está interesado solamente en lo que otra gente pueda hacer por él.

El carácter nos lleva a la felicidad duradera. El vivir únicamente a través del ego nos lleva a un placer efímero y vacío. Invierte en tu carácter y él te acompañará en las buenas y en las malas. Invierte en el ego y será como construir una casa en arena movediza.

CRECIENDO EN VIRTUD

Vivimos en la sociedad de los remedios. Enciende la televisión cualquier día y comienza a navegar por los canales. Un comercial tras otro, un anuncio informativo tras otro, todos ofreciéndonos remediar algo. Hay un remedio para la acidez estomacal y otro remedio para la obesidad, un remedio para el insomnio, y otro para la diarrea. Hay un remedio para todas las narices, las que sufren de moqueo, las congestionadas y aun las no muy atractivas. Hay un remedio para la caída del cabello y para las espinillas. Hay un remedio para las deudas y otro para la soledad.

El psiquiatra Gerald May hace la observación de que en todo tipo de publicidad, desde la flagrante afrenta de los comerciales de televisión hasta la que se transmite sutilmente de boca a boca, nada se escapa del remedio. Y no es simplemente que se ofrezcan los remedios. El mensaje es también que "debemos" adoptar el remedio. Si acaso uno decidiera dejar pasar un cierto remedio y no participar de sus maravillosas posibilidades eso indicaría que uno no es muy responsable consigo mismo.

Hay dos problemas con todos estos remedios. El primero consiste en que algunas de las cosas que la gente quiere remediar en nosotros y que nosotros estamos intentando arreglar no necesitan arreglo. Son exactamente como deben ser. Algunas de las imperfecciones con las que estamos obsesionados son parte de nuestra perfección, de nuestra plenitud. Ser plenamente nosotros mismos significa ser plenamente imperfectos. Y en segundo lugar, respecto a todo lo demás que no cae dentro de la primera categoría, si miras con detenimiento descubrirás que estamos tratando los síntomas y no estamos remediando absolutamente nada. Si tienes acidez estomacal o no puedes conciliar el sueño, debes preguntarte qué aspectos de tu estilo de vida están dando origen a este problema.

Nuestras vidas mejoran de forma genuina sólo cuando crecemos en virtud. Cualquier otro cambio es simplemente cosmético. Si realmente queremos mejorar como personas, así como nuestras vidas y nuestra sociedad, necesitamos entonces dejar de enfocarnos en el dinero, la fama y el talento y concentrarnos en el carácter y la virtud.

Crecer en virtud es un proyecto de vida. Todo lo que sucede, todo lo que hacemos es simplemente una oportunidad para hacerlo.

Cuando la persona que está adelante tuyo en la fila está buscando a tientas en su cartera cuarenta y nueve centavos para pagar y tú respondes a ello impacientándote y frustrándote, ¿qué está pasando realmente? Esta es sólo una oportunidad para ejercitar la paciencia. Si te pones la virtud como meta, encontrarás que los momentos del día acuden a ti cargados de oportunidades. Eso es un regalo.

Pero si verdaderamente queremos crecer en virtud, debemos dejar de procurarnos gratificación inmediata. No sólo vivimos en la sociedad de los remedios sino que vivimos en la sociedad de los remedios rápidos. Dejamos de lado el carácter y la virtud porque no son remedios rápidos. Ambos requieren tiempo y esfuerzo.

Crecer en virtud no es fácil. Requiere un esfuerzo real y constante. Pero la belleza de este esfuerzo es que si creces en una virtud, automáticamente crecerás en todas las otras virtudes. Si decides enfocarte en volverte más paciente, automáticamente serás una persona más bondadosa. La bondad y la paciencia están interconectadas. Es más fácil para una persona paciente practicar la bondad, así como también le es más fácil ser generoso, pues una persona paciente no se consume en su propia gratificación. Si enfocas tus esfuerzos en llegar a ser una persona más moderada, automáticamente llegarás a ser una persona más justa. Una persona justa encuentra más fácil ser paciente y justa. Una persona paciente encuentra relativamente fácil controlar su temperamento o practicar la moderación.

Posiblemente te estás preguntando por donde empezar. La respuesta difiere para cada persona. Tú debes decidir por ti mismo. Simplemente escoge una virtud: honestidad, paciencia, moderación, bondad, humildad, coraje, perseverancia, compasión, esperanza, caridad, generosidad, sabiduría, afabilidad . . .

Escoge una virtud y pídele a Dios que te muestre formas de desarrollarla en ti. Cada día enfócate en esta virtud. Anota tu intención. Recuérdala cada mañana. A diversos intervalos y al final del día, date un espacio para reflexionar en el avance que has logrado. Piensa en los momentos en que has ejercitado dicha virtud y en los momentos en que debiste haberlo hecho pero no lo hiciste. Con el pasar de los días y de las semanas, serás capaz de decir objetivamente: "Me estoy volviendo más generoso" o "Soy una persona más honesta". Luego celebra tu progreso.

Céntrate en una virtud por un par de semanas, y luego cambia tu foco a otra. De virtud en virtud empezarás a construir el alcázar del carácter donde vivirás.

En cada momento del día, haz lo correcto. Cuando sientes que estás a punto de perder el temperamento, contrólalo. Cuando reconoces que te estás impacientando, respira profundamente y permite que Dios te dé el don de la paciencia. Cuando encuentres a alguien con alguna necesidad, sé generoso con tu tiempo, tus talentos o con tus posesiones. En cada instante simplemente haz lo correcto y verás que tu vida se comienza a inundar de gozo.

NO EXISTEN ACTOS PERSONALES

Si no tomamos el reto de crecer en virtud, caemos fácilmente en un minimalismo que se manifiesta con dos grandes excusas. Ya lo he mencionado: "¡Este es quien soy yo!" Con frecuencia ponemos esta excusa no como una celebración de nuestro yo auténtico sino abogando por un nombre sustituto para el yo derrotado y perezoso que he escogido ser. La segunda gran excusa que damos para justificar nuestro comportamiento autodestructivo es "¡No estoy lastimando a nadie!"

Uno de los principios que rigen el universo es la conexión. Todo en la creación está conectado. Cuando contaminamos y cicatrizamos nuestro planeta al emitir toxinas y despojar los suelos de sus recursos naturales, la Tierra responde con inundaciones, terremotos, huracanes y exposición dañina a la radiación debido ala reducción de la capa de ozono. La Tierra no está tomando represalias, simplemente está tratando de recuperar su balance.

Las conexiones entre las personas funcionan de manera similar. Creer que lo que hacemos en la ciudad en que vivimos no afecta a la gente al otro lado del país o al otro lado del mundo denota una gran ingenuidad, ignorancia y un egocentrismo que es característico de estos tiempos. No hay actos personales. Todo lo que hacemos afecta a las personas a nuestro alrededor. Y tarde o temprano, todo lo que hacemos afecta a toda la gente. La suma de toda la acción humana se transfiere a través de la historia.

En los tiempos pasados, cuando la humanidad vivía en una mayor sintonía con la naturaleza, y teníamos una relación mucho más estrecha con la tierra, lo entendíamos con gran claridad.

En estos tiempos, comprendíamos muy claramente que si contaminábamos la vertiente en un punto situado aguas arriba, pondríamos a las personas que viven más abajo en serias dificultades. Hoy en día, los ríos no son tan fáciles de ver y de reconocer.

Compramos nuestra agua en botellas, creyendo que siempre tendremos agua limpia para tomar. En el ámbito de los negocios y de la política, de las relaciones y de las artes, cuando contaminamos el agua en un punto elevado, los que están abajo sufren.

Simplemente porque hagas algo en la privacidad de tu casa, a puertas cerradas, sin involucrar a nadie y sin que haya habido nadie que presencie lo ocurrido, no significa que lo que hayas hecho no afecte a otras personas. Cada acto humano afecta el futuro de la humanidad. Tus acciones, aun las privadas, tienen consecuencias para ti y para toda la humanidad. Tus actos impactan profundamente tu estado interior, y tarde o temprano esa realidad interior buscará expresarse externamente a través de tus palabras y acciones o de tu silencio y falta de acción.

Todo lo que Dios ha creado en el universo y más allá de él está conectado. De formas que quizás nunca entenderemos, estamos todos conectados. Con mucha frecuencia nos visualizamos como seres independientes, diferentes y apartados. En ocasiones estas son simples palabras e ilusiones. Tenemos más aspectos en común que aquellos que nos hacen distintos. Estamos mucho más unidos de lo que estamos apartados, y somos infinitamente más interdependientes que independientes. Cuando nos herimos a nosotros mismos, herimos a los demás. "¡No estoy lastimando a nadie!" es simplemente otro intento de evitar la responsabilidad personal en un mundo donde, tarde o temprano, todo lo que pensamos, hacemos y decimos afecta a alguien, en algún lado.

PRIMERO, EL CARÁCTER

El buen carácter es aquella cualidad que lo hace a uno fiable al ser observado o no, que lo hace a uno veraz cuando sería ventajoso el no serlo tanto, que lo hace a uno valiente al enfrentar grandes obstáculos, que lo dota a uno de la firmeza propia de una sensata autodisciplina.

—ARTHUR ADAMS

La tercera lección:

PRIMERO, EL CARÁCTER

A lo largo del día, en cada momento, debemos entrenarnos a poner el carácter antes que nuestros intereses económicos o nuestro avance profesional, a valorar el carácter más que los placeres momentáneos y la estima de los otros y a poner el carácter por delante de nuestras propias creaciones y deseos. Poner el carácter en primer lugar implica que permitimos que todos nuestros pensamientos, decisiones, acciones y relaciones estén supeditados a nuestra búsqueda de autenticidad.

Por supuesto que esto sólo es posible con la ayuda de la gracia de Dios. Solos no podemos hacer nada, pero con Dios y en Dios, mucho más de lo que nos imaginamos es posible.

El carácter es una de las mejores inversiones que podemos hacer. Comienza por invertir en ti mismo. El invertir requiere disciplina, autocontrol y paciencia. Muchos de nosotros carecemos de una o más de estas cualidades—y frecuentemente nos falta la sabiduría y la humildad para pedirle ayuda a Dios. Piensa en esto desde el punto de vista financiero. Si ahorraras un dólar al día desde que tienes veintidós años hasta que tengas sesenta y cinco, e invirtieras ese dinero al rendimiento promedio del 7 por ciento, te jubilarías con casi cuatrocientos mil dólares. Tres dólares diarios te generarían un millón de dólares, y aún así, la mayoría de la gente se jubila con muy poco o sin ningún capital. ¿Es porque su ingreso no les permitía apartar uno, dos o tres dólares al día, o es porque carecían de disciplina, autocontrol y paciencia?

Para ponerlo de forma simple, vivimos en una sociedad centrada en el gasto. El gastar refleja ego y el ahorrar refleja carácter. La mayoría de las personas ahorran menos del 1 por ciento de su ingreso anual. Peor aún, cada año, la mayoría gasta mucho más de lo que gana. Invierte en ti mismo. Comienza a crear un dinámico portafolio de virtudes. Adiciona todas las grandes virtudes al portafolio del carácter y tendrás un futuro prometedor. El dinero y las posesiones tienen su atractivo, una carrera profesional que avanza rápidamente alimenta nuestra autoestima, y el placer puede ser siempre muy seductivo, pero el carácter es lo que nos acompaña en las buenas y en las malas. Dale al carácter la primera prioridad en cada esfera de tu vida. Pon siempre el carácter primero.

Aplicando la tercera lección:

PRIMERO, EL CARÁCTER

Pondré en práctica la tercera lección para descubrir
el sueño de Dios en mi vida, a través de los siguientes pasos:

1. Pondré el carácter en primer lugar invirtiendo en él. En mi vida diaria, empezaré a ver cada situación como una oportunidad para crecer en el carácter al desarrollar una variedad de virtudes. Me enfocaré en una virtud a la vez, reconociendo el hecho de que al crecer en una virtud, aumenta mi capacidad de vivir otras virtudes. Una vez que honestamente pueda decir que he mejorado en esa virtud y la he convertido en un hábito, escogeré otra virtud en la cual enfocarme. Buscaré practicar la paciencia, la bondad, la humildad, la mansedumbre, el perdón, la honestidad, la integridad y el amor por mí mismo y por los demás. Acogeré cada oportunidad de celebrar el avance realizado en estas y en otras virtudes.

2. Procuraré una honestidad rigurosa conmigo mismo y con los otros. De vez en cuando, me daré una pausa para reflexionar en las siguientes preguntas: ¿Soy honesto conmigo mismo? ¿Soy honesto con los otros? ¿Soy honesto acerca de los adem? Tendré cuidado de no poner nunca a nadie en una situación que comprometa su honestidad.

3. Actuando proactivamente fomentaré hábitos positivos en cada una de las cuatro áreas de mi vida, a nivel físico, emocional, intelectual y espiritual. Cuidaré de mi persona de forma integral y al tratar a los demás tendré consciencia de los muchos aspectos que como personas estamos todos tratando de balancear.

4. Me resistiré a ceder a las demandas constantes del ego escuchando más activamente la voz de Dios en mi vida. Cada día estaré más atento a identificar lo que me motiva y me impulsa a actuar—ya sea la inseguridad del ego o la integridad del carácter. Trascenderé la constante ansiedad de nuestra cultura por las apariencias y me centraré en hacer del carácter, de la virtud, de la santidad y del amor a Dios y al prójimo mi prioridad.

Cuatro

86 400 horas

Si te graduaste de secundaria a los dieciocho, fuiste a la universidad y te graduaste en cuatro años para salir luego al mundo real y comenzar a trabajar en un trabajo de verdad cuarenta horas a la semana por cuarenta y ocho semanas al año, tomaste cuatro semanas anuales de vacaciones (dos semanas más que el promedio de la gente) y te jubilaste a la edad de sesenta y cinco años, habrás trabajado 86 400 horas al momento de tu retiro.

Cada año visito más de cien ciudades americanas, y muchas tardes antes de mi presentación visito alguna escuela de secundaria. Considero que a esa edad es importante darles a los jóvenes un mensaje que les sirva para dirigir su vida, de tal forma que no necesiten un mensaje para cambiar su vida cuando tengan treinta, cuarenta, cincuenta o más años. Les hablo de cuan importante es identificar algo que los apasione y a lo que puedan dedicarse en el ámbito profesional.

El trabajo no lo es todo, pero cuando trabajas en algo con lo que no te identificas, puede afectar masivamente todos los demás aspectos de tu vida. Es simplemente imposible crear una felicidad duradera sin poder darle a tu trabajo un enfoque tal, que te permita desarrollar tu potencial. Idealmente significa encontrar un trabajo que te apasione, pero aun cuando no tengas el trabajo de tus sueños—o no sepas cual sería el trabajo de tus sueños—hay formas de sobresalir en el trabajo.

Después de explicarles la ecuación de las 86 400 horas a los estudiantes de secundaria, les pregunté si tenían alguna clase aburrida en la escuela. Inevitablemente estallan. Por supuesto tienen clases aburridas en la escuela. Después de todo son adolescentes. Entonces les pregunté cuánto dura cada clase. Los estudiantes gritaban desde sus asientos: "Cincuenta minutos" o "una hora" o "noventa minutos," dependiendo del horario particular de la escuela. "¿Y cuán despacio pasa el tiempo cuando estás en medio de una clase que te parece aburrida?" De nuevo estallan y se quejan. "¿Cuánto parece durar?" pregunto. "¡Eterna!", responden.

Quedándome ahí de pie, en silencio, dejo que se calmen un poco, y luego les digo, "Ahora quiero que cada uno se sumerja por un momento en la experiencia de una clase aburrida. Y ahora quiero que multipliquen eso por infinito y lo lleven a las profundidades de lo eterno, y aun tendrán apenas un vistazo de lo que les espera a menos que reflexionen al respecto. Con esto quiero decir que lo piensen realmente, qué es lo quieren hacer con esas 86 400 horas".

Thoreau tenía razón. La mayoría de los hombres y de las mujeres llevan, en silencio, una vida de desesperación. Pero no es que la gente, cuando está en la secundaria, se queda de brazos cruzados, pensando: "Cuando crezca, realmente quiero llevar una vida de desesperación en silencio. Quizás debería ir a hablar con el consejero orientador y ver si puede elaborar un plan que yo pueda poner en práctica con el fin de llevar una vida de desesperación en silencio". No, simplemente las personas no planean, y es que como decía Napoleón, "La falta de preparación es un plan para fracasar".

TENDENCIAS EN EL MUNDO LABORAL

Hace varios meses, tuve la oportunidad de llevar a cabo entrevistas de trabajo para varias posiciones nuevas en mi organización. En total, realicé casi cincuenta entrevistas con candidatos que habían sido literalmente seleccionados de cientos y cientos de solicitantes. Me sentí abrumado por la cantidad de las personas que aplicaron y las cualidades de los solicitantes. Cada uno de ellos ya tenía lo que a mi manera de ver era realmente un buen trabajo. En muchos de los casos, el aceptar la nueva posición implicaba una reducción salarial dado que venían de trabajos corporativos altamente remunerados al sector sin fines de lucro, pero eso no parecía perturbarlos.

Les hice a todos muchas preguntas, pero las respuestas que me dieron a una en particular parecía tener un tema en común. Le pregunté a cada candidato: "Usted parece tener un excelente trabajo en este momento. ¿Por qué quiere salir?" Cuarenta y ocho de los cincuenta candidatos respondieron que querían hacer algo más significativo con su vida, o una variante de la misma idea. Creo que esto refleja el giro más drástico en el lugar de trabajo del siglo XXI y que impactará, por encima de todo, el mundo corporativo de los Estados Unidos en los próximos cincuenta años. Las personas quieren desempeñar trabajos significativos.

En los ochentas, el efectivo mandaba, y las personas parecían estar dispuestas a trabajar cien horas a la semana siempre que ganaran más dinero. En los ochentas todo giraba alrededor del dinero y de las posesiones. En los noventas hubo un cambio drástico de actitud, ya el enfoque no era la compensación financiera sino el deseo de esparcimiento. Un número cada vez mayor de personas comenzaron a decir: "No me importa cuánto me pague—simplemente no estoy dispuesto a trabajar más horas. No estoy tan interesado en ganar más dinero como lo estoy en tener una mayor libertad de horario y poder contar con más tiempo de esparcimiento".

Otro factor es que durante todo este período, el mundo corporativo ha cambiado considerablemente, particularmente en lo que tiene que ver con la lealtad. Muchas personas que fueron despedidas llegaron a la alarmante conclusión de que, en el esquema corporativo, realmente tenían muy poco control sobre sus destinos y lo que era aún más escalofriante, que sus esfuerzos prácticamente no eran apreciados. Por una amplia variedad de razones, la gente ha comenzado a retomar el control de sus vidas, poniendo el énfasis en la independencia, la vida de familia, el esparcimiento y la salud y el bienestar.

De los ochentas a los noventas se dio una transición importante, un cambio de enfoque. En los ochentas la atención estaba dirigida principalmente hacia el dinero, no así en los noventas cuando el interés primordial era el esparcimiento. Y ahora, una nueva tendencia comienza a surgir. Ciertamente las personas aún quieren ser financieramente compensadas y poder pasar tiempo con sus familias y amigos, pero por encima de todo eso, añoran un trabajo lleno de significado, y están dispuestas a sacrificar algo del dinero y de su tiempo libre para obtenerlo. Este giro en la actitud sólo va a tomar más y más impulso a medida que las personas ganen consciencia de su necesidad de sentirse altamente identificadas con su trabajo.

SATISFACCIÓN EN EL TRABAJO

Theodore Roosevelt dijo esto acerca del trabajo: "El mejor premio que la vida ofrece es la oportunidad de trabajar duro desempeñando un trabajo que valga la pena". No estoy totalmente de acuerdo con él. Creo que las relaciones dinámicas son probablemente lo mejor que la vida nos ofrece, y sospecho que tener hijos y nietos probablemente ocupan uno de los primeros lugares de la lista. Pero sí concuerdo con que una de las mejores cosas de la vida es la oportunidad de trabajar duro, haciendo algo que valga la pena.

Cuando recuerdo el tiempo en que yo estaba en el colegio y los amigos que hice durante esos años, me sorprende ver que son tan pocas las personas que terminan haciendo lo que pensaban que iban a hacer cuando estaban en la secundaria.

Si me hubieras dicho en mis años de secundaria que iba a llegar a ser un escritor y expositor exitoso, la idea me habría parecido una idea totalmente absurda. Lucas, uno de mis mejores amigos del colegio, con frecuencia me hace recordar un incidente que sucedió en la clase de inglés durante mi último año de secundaria. Nuestra profesora, la Sra. Grace, nos estaba devolviendo la última asignación sobre nuestras reflexiones de la obra *El corazón de las tinieblas*, me parece. Por alguna razón nunca me gané la simpatía de la profesora. Me esforzaba en clase, y por primera vez en mi vida me encontraba en una posición precaria y se me agotaban las esperanzas de sacarme una buena nota. Nada de lo que hacía en clase era suficientemente bueno. La Sra. Grace recorrió toda la clase entregándonos nuestros trabajos. Cuando llegó a mi escritorio, dejó caer el mío y me di cuenta que me había calificado con un punto de los veinte que eran posibles. Esto parecía ser el golpe decisivo. De seguro sólo el haber puesto el nombre en la asignación y el haber demostrado haber leído el libro, lo que evidentemente hice, merecían por lo menos cinco puntos, y quizás seis. Pero no, aparentemente no. Lucas me hace recordar que tomé los papeles y los hice un acordeón tirándolos sobre la cabeza de la profesora en el basurero que estaba en una de las esquinas de la clase. Mis compañeros rugieron y claro, si me hubieras dicho entonces que iba a llegar a ser escritor, habría estallado en carcajadas.

Hoy en día, paso mi vida hablando en público y escribiendo. ¡Qué gran privilegio! Nunca pierdo eso de vista. Con frecuencia, me invade un profundo sentimiento de asombro que me deja como en suspenso ante la vida que estoy viviendo. Día tras día, las personas me buscan para pedirme consejo en un sinfín de asuntos, pero aparte de las relaciones, la mayor dificultad que enfrenta la gente hoy tiene que ver con el trabajo. No se sienten apreciados. No sienten que están aprovechando su capacidad. Sienten que están desperdiciando sus vidas y que podrían estar haciendo mucho más. Sienten que no le están sacando provecho a su creatividad y anhelan poder hacer contribuciones que sean mucho más significativas. El mundo está lleno de gente que es miserable en su trabajo.

Me encanta dirigirme a las personas y me encanta escribir. El hablar en público me resulta mucho más natural que el escribir, pero los dos me encantan y parece que el uno potencia al otro de una manera muy dinámica. ¿Es todo en mi vida laboral perfecto? Por supuesto que no. Tengo que lidiar con hoteles y aeropuertos, no es siempre tan fácil encontrar un buen lugar para comer, muchas veces algo o alguien se atrasa, y el encanto de viajar rápidamente desaparece. Muchas veces tengo que despertarme a las tres y media de la mañana y por consiguiente, en esos días me toma un poco más de tiempo desarrollar una actitud de agradecimiento hacia la vida. Hace un par de semanas estaba en casa y había decidido levantarme un poco más tarde. Estaba todavía acostado, aun semiconsciente, cuando suena el teléfono. Levanté el auricular, dije "Gracias" y colgué. Como después de un minuto, el teléfono volvió a sonar. "¿Por qué me colgaste?" me dijo mi madre. Se me había olvidado que estaba en casa y pensé en ese momento que era la llamada para despertarme.

Pero amo mi vida y no la cambiaría por la de nadie. He encontrado algo que realmente me apasiona. Puedo hacer lo que me encanta, y por eso estoy agradecido. Nunca me despierto y pienso: "¡Ay . . . Hoy tengo que ir a trabajar!" De hecho, pocas veces considero lo que tengo que hacer como trabajo, pero sospecho que los que me rodean, te dirían que trabajo más duro que cualquier otra persona que hayan conocido.

Todos pasamos demasiado tiempo trabajando como para no experimentar que nuestro trabajo nos genere una profunda satisfacción. La satisfacción en el trabajo y la felicidad duradera están vinculadas de forma inseparable.

Las palabras de Lin Yu-t'ang, quien era un prominente escritor, traductor y editor, proveen una poderosa perspectiva con relación a nuestra reflexión:

> Me parece que tanta desdicha se debe a los nervios, y los malos nervios tienen que ver con el no tener nada que hacer, o con hacer algo mal, de forma infructuosa e incompetente. De todas las personas desdichadas en el mundo, los más infelices son los que no han encontrado nada que quieran hacer. La verdadera felicidad viene de hacer

un trabajo bien hecho, seguido de un relajante y refrescante período de descanso. La verdadera felicidad proviene de llevar a cabo, a lo largo del día, un volumen de trabajo que sea apropiado.

Emprendamos la tarea de encontrar el trabajo apropiado para nosotros y luego busquemos realizarlo, cada día, en la medida adecuada. Así como con todas las cosas, dirijámonos a Dios y pidámosle que nos guíe al trabajo que Él ha creado para nosotros, el trabajo que nos ayude a crecer de la forma que Él tiene en mente. Impregna tu vida de oración. Es tan fácil estar abiertos a la continua presencia y guía de Dios; sin embargo, es algo en lo que casi siempre fallamos.

EL SENTIDO DEL TRABAJO

¿Entonces por qué trabajamos? ¿Cuál es el sentido del trabajo? Según ha sido concebido, ¿qué valor debería traer el trabajo a nuestras vidas? En la mayoría de los casos, la idea de trabajo conlleva una connotación negativa en nuestra sociedad. A la mayor parte de la gente no le gusta su trabajo y no les gusta trabajar. Entonces, cuando alguien dice cosas como: "Las buenas relaciones necesitan trabajarse", ellos reaccionan negativamente. El primer problema es que muchos de nosotros estamos involucrados en trabajos que no nos estimulan o con los cuales no nos sentimos altamente identificados, y el segundo problema es que si nos dieran a escoger, muchos pasarían el tiempo de brazos cruzados y desaprovecharían sus vidas completamente. Esta es una afirmación bastante radical pero si crees que no es cierto, analiza por tan solo un instante, cuántas personas conoces que hacen con su tiempo lo que les viene en gana.

Estimulamos a los niños a trabajar con esmero ya que, podamos articularlo o no, sabemos que el trabajar con dedicación está totalmente ligado a la felicidad. Recientemente me estaba dirigiendo a un grupo corporativo, y durante una de las sesiones de preguntas y respuestas, uno de los participantes comentó con cierta ligereza que si

Adán y Eva no se hubieran comido la manzana, nosotros no tendríamos que trabajar. Eso es algo que con frecuencia se malinterpreta. De hecho, como se lo hice notar en el pasaje del Antiguo Testamento al que él se estaba refiriendo, antes de que ellos se comieran la manzana, Dios había puesto a Adán en el jardín para "cuidar y labrar la tierra".

El trabajo no es un castigo. ¿Cuál es entonces el sentido del trabajo? ¿Por qué trabajamos? Algunos argumentarían: "¡Porque tenemos que hacerlo!" y otros dirían "Para hacer dinero". Sin embargo, ambas posiciones son inexactas. La verdad es que no tienes que hacer nada. Nadie puede demandarte hacer esto o aquello. Hasta cierto punto, nosotros escogemos trabajar. Y contrario a la abrumadora opinión popular de que trabajamos para ganar dinero, podemos afirmar que ganar dinero es en efecto, el objetivo secundario del trabajo.

El sentido primordial, el propósito y el valor del trabajo consisten en que al hacerlo bien y con dedicación, poniendo atención a los detalles que conlleva, desarrollamos el carácter y las virtudes. Al trabajar con tenacidad, yo desarrollo las virtudes de la perseverancia y fortaleza; al trabajar con esmero, prestando atención a los detalles de mi trabajo, desarrollo la paciencia y la responsabilidad; y al trabajar bien, desarrollo la diligencia.

Cuando trabajamos, obtenemos la oportunidad de ser colaboradores de Dios. Como dijo Madre Teresa en repetidas ocasiones de una forma muy real y muy práctica, "Nosotros somos los pies y las manos de Dios". "Nosotros somos colaboradores de Dios . . ." (1 Corintios 3:9). Esta es en parte la razón por la cual muchos de nosotros anhelamos un trabajo cargado de sentido. Tenemos ansias de participar en la obra que Dios está llevando a cabo en el mundo.

Cuando le damos el verdadero sentido al trabajo y lo realizamos con el espíritu adecuado, ese trabajo nos permite desarrollar nuestro propio ser de una forma más plena. Quién somos es infinitamente más importante que a qué nos dedicamos, o qué es lo que tenemos. Como todo lo demás en nuestra vida, el trabajo adquiere valor en la medida que nos ayude a llegar a ser la mejor versión de nosotros mismos.

El trabajo constituye un elemento esencial en el desarrollo de nuestro carácter. Es importante mantenerse activo y el trabajo es una fuente de salud mental y física. En las civilizaciones antiguas, la jubilación era siempre un castigo. Hace más de 2350 años, Aristóteles afirmó que la felicidad reside en la actividad, tanto física como mental, y no en el ocio. La felicidad se encuentra en hacer las cosas de las cuales nos podemos sentir orgullosos porque sabemos hacerlas bien y por consiguiente, disfrutamos haciéndolas. Uno de los errores que comete nuestra cultura en su búsqueda de felicidad es asociar el disfrute con la mera diversión y la ociosidad. Tendemos a confundir la felicidad con el mero esparcimiento y el estar entretenidos.

Si queremos descubrir nuestro verdadero ser, pocas cosas nos serán de tanta utilidad como trabajar con tenacidad. En el afán de descubrir nuestra verdadera identidad, con frecuencia recurrimos al ocio, a la inactividad, y esto constituye un error. En numerosas ocasiones las personas me dicen: "Sólo necesito un par de meses sin hacer nada más, para solucionar esto" o "Si tan solo pudiera escaparme de todo esto, podría aclarar mi mente". Estas son cosas que nos decimos y al hacerlo, nos convencemos de que no podemos resolver nuestras disyuntivas desde donde nos encontramos en este momento. El alejarse, el escaparse casi nunca es la respuesta. No diré que nunca porque a veces sí lo es, pero usualmente una presión mayor en lugar de una menor es la que genera las respuestas que buscamos. En arquitectura si quieres fortalecer un arco que se ha debilitado, incrementas la carga del mismo. Quizás esto va en contra de nuestro instinto natural, pero un aumento en la carga hace que las partes del arco que han perdido rigidez se unan con mayor firmeza. Nuestra inclinación natural sería remover el peso que soporta el arco, pero el hacerlo sería un error. Con gran frecuencia, lo mismo es aplicable a nuestras vidas.

El trabajar a medias podría generar la misma compensación financiera que el trabajar con toda tu mente y todo tu corazón, pero a paso lento esa actitud comenzará a corromper el corazón, la mente y el espíritu. Los seres humanos no estamos diseñados para las medias tintas. Con frecuencia escucho a algunos decir que se vengarán de su jefe siendo flojos o demorando un proyecto. Esto es como tomar veneno y esperar que la otra persona muera.

Miles de hombres y mujeres van al trabajo todos los días y realizan labores que no son enteramente de su agrado, pero lo hacen para mantener financieramente a sus familias. No hay nada malo en esto. En sí mismo es algo bueno y noble, pero al mismo tiempo, creo que como sociedad, tenemos la responsabilidad de brindar a todas las personas oportunidades de realizar trabajos más satisfactorios, a través de los cuales puedan aprovechar los talentos y habilidades que les han sido otorgados de forma única y exclusiva.

El sentido del trabajo no es hacer dinero o bien, divertirse o entretenerse. Tanto mejor si hacemos dinero y disfrutamos lo que hacemos, pero el sentido primordial del trabajo es ayudarnos a desarrollar el carácter y las virtudes. Sin importar el lugar en que te encuentres y el trabajo que tengas en este momento de tu vida, hay que darlo todo. Recoger la basura tiene un valor infinito si se hace bien y con el objetivo de que te ayude a crecer en carácter y virtud. No será catalogado como el trabajo más relevante, pero nosotros le podemos dar sentido al verlo no como un fin en sí mismo, sino como un medio de formación del carácter. Si el trabajo de un hombre es recoger la basura y lo hace bien, y si trabaja con empeño y le presta atención a los detalles de su trabajo, él irá conformando con cada hora que pase una mejor versión de sí mismo. Desde esta perspectiva, cualquier trabajo honesto posee un valor intrínseco. El trabajo es una oportunidad no sólo para hacer dinero, sino para invertir en nosotros mismos.

DOS FÁBULAS

Las historias poseen una capacidad especial para abrirse camino entre el caos de nuestra mente y los prejuicios de nuestro corazón y llevarnos a nuevos descubrimientos respecto a nosotros mismos, al mundo y al camino que tenemos por delante. Cuando éramos niños, nuestros padres solían leernos a mis hermanos y a mí *Las fábulas de*

Esopo. Me permito compartir dos de esas breves fábulas las cuales tienen especial relevancia en nuestra conversación.

La primera es "Hércules y el boyero".

Conducía un boyero una carreta muy cargada por un camino lleno de fango cuando las ruedas de la carreta se hundieron tanto en el lodazal que ni siquiera los bueyes, con toda su fuerza, pudieron sacarlas. Ante lo sucedido, en lugar de tratar de ayudar a los bueyes a salir de aquel trance, el boyero se quedó allí parado, mirando con impotencia e invocando entre todos los dioses, a Hércules. Llegó entonces Hércules y le dijo: "¡Arrímale tu hombro a la rueda, hostiga a los bueyes y entonces invoca a los dioses para que te ayuden. Si no mueves un dedo para ayudarte a ti mismo, no esperes que Hércules, ni nadie más, venga en tu ayuda".

Toma la iniciativa. Da el primer paso. Es tu turno. Dios y todos sus ángeles y santos te alientan mientras sigues tus sueños. Si lo que deseas es un trabajo lleno de sentido que puedas emprender apasionadamente cada día, da un paso adelante. No puedes esperar que venga a ti, eres tú quien debe ir a él.

La segunda fábula se llama "El labrador y sus hijos".

Un labrador en los últimos momentos de su vida y deseando poder transmitirles a sus hijos un secreto valioso, los llamó y les dijo: "Mis hijos, estoy a punto de morir. Por consiguiente, quiero que sepan que en el viñedo yace un tesoro escondido. Excaven y lo encontrarán". Tan pronto como el padre falleció, los hijos tomaron pico y pala y removieron el suelo una y otra vez, buscando el tesoro que se suponía yacía allí. Del tesoro no se encontró nada, pero removieron tanto la tierra que las vides produjeron una cosecha como nunca antes se había visto.

El trabajo duro y el tesoro están entrelazados. Pero dedicarse a trabajar duro no es suficiente, como tampoco lo es dedicarse sólo a hacer oración. Debes trabajar arduamente en las cosas buenas, y debes orar arduamente por las cosas buenas. "Ora como que si todo dependiera de Dios y trabaja como que si todo dependiera de ti", aconsejaba San Agustín.

Es también importante considerar que el tesoro no es siempre financiero, y que la satisfacción de hacer algo meritorio con tu vida vale más que una montaña de oro.

Encuentra algo que consideres meritorio de tu talento y de tu carácter, y entrégate a ello. Sólo así experimentarás la alegría del trabajo, sin que esto implique que se torne más fácil. En muchos sentidos, puede ser más difícil que antes, porque en la medida que te involucras más de lleno, tus estándares serán más altos.

DESCUBRE LO QUE TE APASIONA

Hay diversas maneras de darle sentido al trabajo, y éste puede ofrecer una oportunidad intrínseca de crecer en carácter y en virtud, pero eso no quita que deberías disfrutar de tu trabajo o encontrar algo satisfactorio y lleno de sentido en que puedas invertir esas 86 400 horas. No obstante, encontrar algo que te apasione y satisfacer las demandas de la realidad económica de nuestra cultura moderna se está volviendo cada vez más difícil.

Si pudieras hacer cualquier cosa, ¿qué harías? ¿Estarías dispuesto a hacer sacrificios para hacerlo? ¿Estás dispuesto a sacrificar dinero o posición social, irte a vivir a una casa más pequeña, o a sacrificar tu tiempo libre para continuar estudiando?

Siempre hago la primera pregunta cuando conduzco entrevistas de trabajo. Con frecuencia los candidatos temen responderla, pues les preocupa dar a entender que no están interesados en el trabajo para el cual están aplicando. La verdad, es que quiero que sean honestos. La idea al plantear esta interrogante es conocer un poco sobre las aspiraciones que tienen. Se puede conocer mucho de una persona si sabes cuáles son sus aspiraciones.

El primer paso, por supuesto, es identificar qué te apasiona. La mayoría de la gente no lo sabe. Tienen certeza de lo que no les gusta porque ya lo han experimentado o lo han visto; sin embargo, poca gente sabe lo que quiere. Y menos personas aun tienen claro para qué son idóneas.

¿Qué te apasiona? Toma unos minutos y haz una lista. Escribe lo que te dicte la consciencia. No lo pienses demasiado. Quizás te apasiona el chocolate, el béisbol o el poder capacitar a la gente sobre los aspectos que están causando un incremento significativo en la incidencia de cáncer. Escríbelo todo. Escribe todo aquello que te entusiasma, todo aquello que te energiza. Simplemente escríbelo todo.

Cuando somos niños, la gente nos pregunta todo el tiempo: "¿Qué vas a ser cuando seas grande?" Pero parece ser que hoy en día, más y más adultos se están preguntando a sí mismos: "¿Qué voy a ser cuando crezca?"

Hace un par de días, me llegó un correo electrónico de uno de mis lectores que decía: "Hoy me percaté de que estaba contando los días para el fin de semana—¡y apenas es lunes!" ¿No crees que el hecho de que hoy en día tantas personas desean deshacerse de cinco días de la semana para llegar a los dos restantes es un indicador de que los trabajadores están crónicamente insatisfechos?

Cuando hablo con gente en los vuelos o en las sesiones de firmas de libros, me gusta observar los altibajos de energía y entusiasmo que ocurren al discutir diversos temas. Cuando las personas hablan de su trabajo usan un tono totalmente diferente del que usan cuando hablan de sus hijos o de sus próximas vacaciones. En otro correo, uno de mis lectores explicaba: "Hoy es mi tercer día de trabajo después de haber regresado de las vacaciones de dos semanas que tomo una vez al año, y ya estoy planeando las del año entrante. Tengo que reconocer que si estuviera más satisfecho en mi trabajo, pasaría menos tiempo soñando y planeando mis próximas vacaciones". Otros hablan de otorgarse incentivos a sí mismos para sobrevivir los días y las semanas. Unos se premian con chocolate, otros se van de compras o se van a cenar a su restaurante favorito, y otros pasan horas enteras viendo la televisión cada noche. ¿Crees que todas estas formas de recompensa tendrían tanto peso si nos sintiéramos vinculados a un trabajo que nos apasione? Creo que no.

Entonces, ¿qué vas a ser cuando crezcas? Hoy día no es como lo era hace cien años, cuando los hombres hacían lo que hacía su papá y las mujeres tenían niños y se encargaban de la casa. Hoy las posibilidades son extraordinarias. De hecho el problema que tenemos hoy día es probablemente que hay demasiadas opciones. No te voy a decir que puedes hacer lo que te propongas, pues eso sería una mentira. Te voy a decir, no obstante, que mereces tener un trabajo que te apasione. No te voy a decir que alguien que simplemente se pasea por ahí va a llegar a dártelo. Lo más probable es que tengas que trabajar muy duro para lograrlo. El secreto es encontrar algo que te quede como anillo al dedo, si consideras tus talentos y habilidades.

Me gusta retar a los graduados a no enfocarse en la pregunta de siempre: "¿Qué quieres ser cuando seas grande?", sino en esta: "¿Qué invitación me está haciendo Dios para mi vida?" o dicho de otra forma, "¿Quién quiere Él que llegue a ser?" Eso representa una perspectiva completamente diferente: de lo que yo quiero a lo que Dios quiere, pero sobre todo hace que la conversación tome un giro distinto; del hacer al llegar a ser. No nos preguntamos qué quiere Dios que hagamos, nos preguntamos quién quiere Él que lleguemos a ser.

Dios tiene magníficos sueños para ti, sueños más grandes de lo que puedes concebir en este momento.

Hagámonos entonces la siguiente pregunta: ¿Cómo sabrás cuando hayas encontrado lo que te apasiona? Cuando usamos nuestros talentos y habilidades en algo que nos apasiona, experimentamos una sensación de intemporalidad. Cuando termino una presentación de una hora ante una audiencia, me parece que han pasado no más de cinco minutos. Me siento en mi estudio a escribir, y sin darme cuenta, han pasado tres horas, pero me parece que hacía tan sólo quince minutos que me había sentado. Cuando ponemos a funcionar nuestras capacidades extraordinarias y las hacemos florecer, perdemos la noción del tiempo. Deseo que experimentes que lo que haces trasciende el tiempo.

¿Recuerdas los estudiantes de secundaria a los que me estaba dirigiendo? Considera dos materias que llevabas en secundaria, una que te encantaba y otra que detestabas. La clase que te fascinaba se iba volando y la que no te gustaba parecía durar por siempre. La clase que te encantaba representa tu pasión y la clase que detestabas representa la desesperación que calla en tu interior.

¿Siempre experimentamos esta sensación de intemporalidad? No. A veces me siento aquí en mi computadora y parece que el tiempo no pasara y no puedo dejar de pensar en donde preferiría estar. La intemporalidad no siempre está presente, pero vivimos por las veces que sí lo está. Y una vez que lo has vivido, no lo confundes con nada más.

No todos tienen que trabajar en el ámbito corporativo para encontrar la felicidad. Aunque para algunos parezca pasado de moda, muchas de las mujeres más felices que conozco encuentran su pasión en la crianza de sus niños y en el cuidado del hogar. Hay muchísimos hombres y mujeres excelentes que están jubilados y se dedican a realizar trabajo voluntario que les apasiona y que les genera mucha más satisfacción de la que les brindaron sus carreras. De forma similar, muchos se sienten cada vez más atraídos hacia el mundo de las organizaciones sin fines de lucro, donde ellos buscan desempeñar trabajos significativos, que puedan llevar a cabo con gran energía y pasión.

Me preguntan frecuentemente que por qué *Dynamic Catholic* se enfoca tanto en la gente joven. Son muchas las razones, pero una de ellas es que cuando yo era joven, nadie me dijo que encontrara algo que me encantara y que dedicara mi vida a ello. La atención se enfocaba exclusivamente en llegar al siguiente nivel, aprender algo nuevo, leer más libros de texto, completar las asignaciones, pasar los exámenes, desarrollar habilidades que nos fueran útiles y seguir a un nuevo nivel. Extraño, ¿no te parece? Que nadie se haya sentado conmigo y me haya dicho: "Matthew, si pudieras hacer cualquier cosa con tu vida, ¿qué harías?", "Matthew, ¿qué te apasiona realmente?", "Matthew, ¿en qué consideras que podrías destacarte y que realmente disfrutarías?" o "Matthew, ¿qué sientes que quisieras hacer con tu vida que pudiera hacer alguna diferencia?"

Considerando todos los recursos que nuestra sociedad invierte en educación, con frecuencia pasamos por alto las preguntas que son realmente importantes. No podemos apreciar el bosque desde los árboles. Al graduarnos sabemos la respuesta a tantas preguntas; pero, ¿nos hemos hecho las preguntas que debemos hacernos? Con toda seguridad el habernos planteado las preguntas esenciales es mucho más importante que poder darle respuesta a todas aquellas que no lo son.

No hay un solo día sin que dé gracias por el regalo de un trabajo dotado de sentido. Tengo trabajo y puedo entregarme a él con pasión, energía y entusiasmo, y soy consciente de cuan inusual es eso. Yo lo he encontrado, pero la mayoría no lo han hecho, y eso constituye una de las tragedias de nuestra cultura que sigue sin ser tratada. Cada noche después de los seminarios que imparto, me siento en una mesa a autografiar libros. Ocasionalmente mis amigos me preguntan por qué me siento ahí a firmar tantos libros. Para mí es un gesto de agradecimiento por darme la oportunidad de trabajar arduamente por algo que realmente vale la pena.

Espero, de todo corazón, que encuentres tu camino hacia aquella oportunidad de trabajar arduamente en algo que valga la pena y que puedas estimular a tus hijos, a tu cónyuge y a tus amigos a hacer lo mismo. ¡Piénsalo! ¿Cuántas personas conoces que son realmente felices en su trabajo? ¿Cuántas personas conoces que están haciendo algo para lo que realmente tienen talento?

PRIMEROS PASOS

Es hora de encontrar algo para lo que tengas talento y que te apasione. No te demores. Haz algo hoy para emprender el viaje hacia una ocupación o posición que te brinde una mayor satisfacción. Quizás te tome cinco años en llegar a desempeñar un trabajo que te cautiva de la forma que anhelas, pero si no empiezas hoy, te tomará cinco años y un día más.

Recuerdo la emoción que sentía de niño el primer día de la escuela o la noche antes de un partido importante, de las vacaciones de verano, de mi cumpleaños o de Navidad. Como adulto estoy aprendiendo a redescubrir esa emoción, no por las mismas cosas, pero por lo nuevo y diferente. ¿Por qué muchos de nosotros permitimos que el entusiasmo se disipe tan fácilmente? No estoy seguro de saberlo. Tal vez estamos hastiados de tantas experiencias y decepciones. Tal vez nos preocupamos demasiado de todos los detalles prácticos de la vida y perdemos esa capacidad de entusiasmarnos. ¿O quizás es miedo? ¿Le tenemos miedo a los nuevos retos y a las experiencias y el cambio que conllevan? Con eso no quiero decir que de niños no hayamos experimentado miedo. Por supuesto que sí, pero también teníamos el coraje de dar un paso adelante y un paso atrás; disponíamos de la fuerza interna para aventurarnos, para experimentar nuevos horizontes; o bien, teníamos a otros que suavemente, o no tan suavemente, nos empujaban hacia delante. Recuerdo cuánto miedo tenía cuando mi papá le quitó por primera vez las ruedas auxiliares a mi bicicleta. Recuerdo el dolor y la pena de caerme un par de veces en frente de mis hermanos y amigos, mientras desarrollaba la destreza de andar en bici sin necesidad de esas ruedas. Pero también puedo recordar la emoción y la euforia de ir cuesta abajo en mi bici sin las ruedas auxiliares . . . fue la primera vez que experimenté esta clase de libertad. También recuerdo sentir mariposas en el estómago y mi corazón latiendo a mil por hora ante el temor del primer beso, pero también sobreviví eso. Tú tienes tus propias experiencias y ejemplos. Recuérdalos. Nuestro pasado nos puede llenar de coraje para el futuro o inculcarnos temor por el futuro, dependiendo de lo que escojamos. Escogemos aquello en donde centramos nuestra atención al mirar atrás.

Ahora de nuevo es hora de quitar las ruedas auxiliares. Es la hora del coraje del primer beso. Es el momento de volver a vivir la emoción y el vértigo que experimentamos de niños. ¿Recuerdas qué distante parecía tu cumpleaños cuando todavía faltaba una semana? El tiempo es un espejismo. ¿Te parecen tus sueños muy distantes? El tiempo es un espejismo.

Hace varios años conocí a un joven y a su esposa en Pensilvania. En ese momento, Ray me preguntó si podíamos hablar en privado respecto a algo con lo que estaba batallando a nivel personal. Me explicó, como lo hacen muchos, que no estaba satisfecho en su trabajo y que estaba cada vez más inquieto por seguir sus sueños desde que había leído *El ritmo de la vida.*

Le hice algunas preguntas para entender mejor su situación y me explicó que trabajaba para una empresa de diseño de ropa por encargo que tenía su familia, pero que realmente quería moverse al área de acondicionamiento físico. Indagando más me di cuenta que tenía un sentimiento de obligatoriedad, un conflicto interno y un temor a la culpa que usualmente conllevan las situaciones que involucran negocios familiares. Luego hablamos de la seguridad que ofrecía su posición actual y de las dudas de su esposa de dejar el muelle y zarpar hacia la búsqueda de su sueño.

Todas las semanas, me encuentro con situaciones similares a la Ray, pero nunca he visto a nadie manejar la transición con la disciplina y paciencia que vi en él. "¿Y cuál es tu sueño?", le pregunté. "¿Si pudieras hacer cualquier cosa, qué sería?" Me dijo que su sueño era ser poner un gimnasio, convertirse en el propietario de un centro de salud y de acondionamiento físico.

"Entonces, ¿cuál sería el primer paso?" Le pregunté luego. Hablamos de diferentes opciones. Lo animé a hacer lo que animo a todos a hacer: divídelo en pequeños pasos. Toma primero los pasos que no te demandan renunciar a tu posición actual. Haz lo que puedas hacer paralelamente, después del trabajo, en las noches y los fines de semana.

Para Ray el primer paso consistió en entrenarse y obtener la licencia como entrenador personal. El siguiente paso fue comenzar a trabajar como un entrenador personal fuera de sus horas normales de trabajo. Muchas personas dan los primeros pasos y se dan cuenta que la realidad es diferente de lo que pensaban que iba a ser. Si dejaran su trabajo para tomar estos pasos intermedios, estarían en un limbo.

Pero a medida que Ray daba cada paso, su pasión por el acondicionamiento físico, la salud y el bienestar se encendía más y más.

Probablemente habían pasado como doce o dieciocho meses cuando Ray me buscó de nuevo para discutir el dar el salto hacia su sueño. Quería abrir un gimnasio. Debo admitir que al principio yo tenía mis dudas. Para un hombre joven como él con una esposa y dos niños maravillosos, el riesgo financiero de abrir un negocio que ofrezca servicios integrales en una industria dominada por grandes cadenas me ponía un poco nervioso. Sin embargo, mientras él me explicaba su plan, empecé a pensar en la forma en que él había manejado los pasos transitorios hacia su sueño. Pensé, *el carácter define el destino*, pero aun así sus planes me tenían un poco nervioso.

Un día estaba revisando mi correspondencia, y me encontré con fotos que me había enviado de la gran inauguración. Y como un año después me envió una de las cartas más significativas que yo haya recibido jamás, explicándome que su negocio estaba prosperando y que estaba viviendo su sueño, que nunca se había sentido con más vida y que si nunca hubiera leído *El ritmo de la vida*, él todavía estaría imprimiendo camisetas mientras trataba de identificar qué le faltaba a su vida. La historia de Ray es una que traigo a mi mente cuando me siento sin ánimo.

Entonces, ¿cuáles son los pasos cortos que tú tienes que dar primero? ¿Cuáles son los pasos que debes dar para hacer la transición entre tu vida actual y el sueño que tienes, de tal forma que no tengas que poner tu vida de cabeza? Recuerda, lo único que Jesús les pidió a sus discípulos al principio fue que lo siguieran. Tomó años antes de que Él los enviara a cambiar el mundo. Ellos comenzaron dando pasos muy cortos pero eventualmente pudieron avanzar a pasos agigantados.

Tal vez el primer paso sea tomar un tiempo en silencio y soledad para poder identificar qué te apasiona. Tal vez necesitas ese tiempo para definir qué pasos podrías tomar provisionalmente. Luego comienza a moverte en esa dirección. Actualiza tu currículo. Inscríbete en una clase. Comienza a profundizar en el área que te interesa. Busca un mentor en ese ramo. Ofrece tu trabajo voluntario una vez al mes. Aplica a un nuevo trabajo. Hay docenas de cosas que puedes hacer en este momento que te acercarán al trabajo que te satisface más. Empieza a hacer algunas de esas cosas hoy mismo. Prométete a ti mismo que en las próximas veinticuatro horas harás algo para dar un paso hacia un trabajo que se adecue a los talentos que ofreces. Una cosa. Identifícala y hazla. Luego por los siguientes noventa días, haz algo cada día que te acerque o te prepare para tu trabajo ideal. Al tomar simplemente estos pasos cortos en la dirección correcta empezarás a sentir que la pasión, energía y entusiasmo retornan a tu vida y que ese flujo continúa cobrando impulso. Te sorprenderá ver el avance que puede lograrse en noventa días. Marca tu calendario.

La cuarta lección:

DESCUBRE LO QUE TE APASION Y HAZLO

Podría tomarte meses o inclusive años en identificar aquello que te apasiona. Podrían transcurrir meses o años más para que estés en capacidad de hacer a tiempo completo aquello que te apasiona, pero en cierta forma y en distintos grados, puedes comenzar a hacerlo hoy mismo. Puede ser que no te lo remuneren o que ni siquiera te lo reconozcan. Está bien. Una vez que te ocupes en lo que te fascina hacer, aun si es apenas una hora diaria, liberarás una gran cantidad de energía y pasión en tu vida. Mejorarás en todos los ámbitos, pues habrás recobrado el entusiasmo por la vida.

El amor y los sentimientos más profundos que yacen en nuestro corazón entretejen la esencia de la vida. ¿Qué te encanta hacer? Hazlo. ¿Qué quieres ser? Sélo. ¿Qué te encanta tener? Tenlo y compártelo. ¿A quién te fascina amar? Ámalos.

Para muchos los compromisos financieros constituyen el único obstáculo que los separa de un trabajo que les apasione. Esa es precisamente otra de las razones por las cuales paso mucho tiempo con estudiantes de secundaria y universidad, tratando de ayudarles a concretar aquello con lo que se sienten profundamente identificados, antes de que tomen las decisiones y adquieran los compromisos que impactarán significativamente sus vidas. Esto es algo que uno se puede plantear más fácilmente cuando se es joven, soltero y sin compromisos.

Si los compromisos financieros son tu único obstáculo, entonces tienes que retomar las preguntas que nos planteamos anteriormente. ¿Estás dispuesto a ajustar tu estilo de vida? ¿Qué valoras más: el trabajo que te apasiona o los televisores de pantalla grande o quizás unas costosas zapatillas para correr? ¿Estás dispuesto a hacer sacrificios? ¿Está tu familia dispuesta a sacrificarse? ¿Vivirías en una casa más pequeña si pudieras ir a trabajar y sentirte fascinado con lo que haces el 90 por ciento de las veces?

La otra posibilidad a considerar es que quizás no puedas hacer el trabajo de tus sueños a tiempo completo. Puede que no te genere lo suficiente como para hacerle frente a tus responsabilidades financieras. Si ese es el caso, te animo a crear un espacio en tu vida para aquello que te apasiona. Quizás puedas conectar tu pasión con algo que puedas hacer en tu tiempo libre, como empezar una empresa pequeña de forma paralela a lo que haces actualmente, o trabajando como voluntario. Pero de una forma u otra, ya sea que le dediques tres horas o cuarenta horas a la semana, encuentra lo que te apasiona y hazlo.

Aplicando la cuarta lección:

DESCUBRE LO QUE TE APASIONA Y HAZLO

*Pondré en práctica la cuarta lección para descubrir
el sueño de Dios en mi vida, a través de los siguientes pasos:*

1. Trabajaré duro y bien, prestando atención a los detalles de mi trabajo—por más servil y humilde que este sea y aun cuando carezca del significado que quisiera que tuviera. Le daré sentido al trabajo que hago ahora, haciendo consciencia que cada hora y cada tarea me brindan una oportunidad de crecer en virtud y carácter, y llegar a ser una mejor versión de mí mismo.

2. Empezaré a puntualizar y a eliminar de mi vida toda tibieza. Si hay cosas a las que no puedo entregarme de lleno, examinaré el rol que tienen en mi vida y si realmente son necesarias o no. Si puedo dejarlas sin dañar a otros, o a mí mismo, y sin que implique abandonar un compromiso previamente adquirido, lo haré con diligencia. Sin embargo, si de buena fe y por razones válidas no puedo hacerlo, las sobrellevaré con valentía.

3. Haré una lista de todas las cosas que me apasionan. La haré de forma espontánea, sin pretender o sin restringir lo que siento o lo que soy. Escribiré desde la corriente de mi conciencia, teniendo el cuidado de no darle muchas vueltas a las ideas y anotando aun lo que me parece completamente imposible. No dejaré pasar la oportunidad de celebrar aquello que me apasiona. Lo celebraré de alguna forma, por pequeña que sea, y lo haré aquí y ahora.

4. Si no me siento feliz con mi trabajo, me preguntaré cuál es la causa: ¿Soy yo, mi actitud, mi jefe, mis compañeros de trabajo, mi salario, el ambiente o la propia naturaleza del trabajo en sí? Si determino que lo mejor es que busque otros rumbos, comenzaré a actuar de forma inmediata, pero con prudencia. Mientras tanto, veré la situación en que me encuentro como una oportunidad para crecer en paciencia y fortaleza.

5. Si decido que es el momento de encontrar un trabajo que me satisfaga más, estableceré algo, una sola cosa, que pueda hacer proactivamente en las siguientes veinticuatro horas y que me acerque al trabajo en que pueda explotar mis talentos y compenetrarme con energía. Y durante los próximos noventa días, haré algo todos los días, aunque sea poco, para prepararme de alguna forma para mi nueva posición.

6. Ocasionalmente me daré una pausa y recordaré las ocasiones en que he sentido temor en el pasado y que a pesar de ello lo superé dando un paso adelante por encima de mis propias fronteras— mi primer beso, la primera vez que anduve en bicicleta sin las ruedas auxiliares, la primera vez que me monté en una montaña rusa, mi primera clase de natación. Le sacaré provecho a estas experiencias para tomar valor en momentos en que siento temor. No me permitiré que ese sentimiento me paralice. Recordaré que en la misma medida que sienta temor, sentiré valor y daré un paso adelante con valentía y coraje.

Cinco

¿En qué crees?

Todos nosotros creemos en algo. Aun los que no creen en nada, creen que no creen. Un ateo *cree* que Dios no existe. La incredulidad no es no creer, sino creer en lo opuesto. Un agnóstico cree que él no sabe si Dios existe. El objeto de nuestras creencias puede variar significativamente, pero todos tenemos creencias. No podemos dejar de creer. Sería imposible no hacerlo. Es parte de quienes somos y esa habilidad es parte de lo que nos hace humanos. No puedes optar por creer o no creer; sólo en *qué* creer.

Nuestras creencias dirigen nuestra vida. Cruzas la calle y crees que los automóviles que vienen en la dirección opuesta frenarán si el semáforo está en rojo. Cuando manejas tienes fe que los conductores que vienen en el carril contrario permanezcan del otro lado de la carretera. Puede que no tengas una confianza total en eso, pero lo crees hasta cierto punto. Sin creer estaríamos paralizados en tal grado por el miedo, que nos veríamos reducidos a una masa de paranoia y sencillamente no podríamos funcionar en este mundo.

Todos creemos en algo.

Mi meta en este capítulo no es explorar las creencias religiosas, que es en lo que la mayoría piensa cuando se mencionan las palabras *creencia* y *fe*. Lo que realmente quiero explorar aquí son las creencias prácticas y personales que afectan nuestro diario vivir. ¿Crees que es mejor actuar egoístamente y comprar lo que quieras, o crees que cuando compartes agregas valor a tu propia vida? ¿Crees que tenemos un papel que desempeñar en hacer del mundo un lugar más armonioso, o crees que la paz del mundo está fuera del ámbito de tu control? ¿Crees que las personas se interesan en hacer el bien por encima del mal, o crees que las personas sacarían provecho de ti y te harían daño si se les diera la oportunidad?

En la mayoría de los casos, las creencias en el ámbito personal y práctico de una persona tienen sus raíces en sus creencias religiosas. No obstante, aun si no tenemos creencias religiosas, todos tenemos creencias prácticas y ese precisamente es el común denominador que deseo explorar.

Encuentro interesante lo que las personas dicen y hacen, pero el conocer *por qué* hacen lo que hacen o dicen lo que dicen es absolutamente fascinante. Ese *por qué* yace en el núcleo de la intimidad y de las relaciones. Por ejemplo, si alguien manifiesta una creencia, la respuesta condicionada que caracteriza a una sociedad hipercrítica como la nuestra es juzgar a la persona en términos de cuan diferentes son sus creencias de las mías. Este es un acto de inmadurez e inseguridad, y en última instancia, de temor. Cuando maduramos nos hacemos conscientes de dos importantes realidades. La primera es que las personas no nacen con creencias y opiniones; estas son el resultado de la educación y de la experiencia. Por tanto, las creencias y las opiniones no son estáticas, sino que se refinan conforme nos exponemos a nuevas experiencias y oportunidades de formación.

La segunda es que las creencias evolucionan a lo largo de nuestras vidas. ¿Siempre has creído lo que crees hoy? Por supuesto que no. Has desarrollado tus creencias en respuesta a la educación que has recibido y a las experiencias que has vivido a lo largo del camino.

Y probablemente tus creencias continuarán cambiando conforme crezcas en tu madurez intelectual y espiritual en los años venideros.

Todos tenemos la capacidad de creer, y lo que creemos afecta la forma en que vivimos nuestras vidas. No nacimos creyendo en nada. Desarrollamos nuestras creencias a lo largo del camino. Asumidas y descartadas. Vividas y puestas a prueba. Abandonadas y delatadas. El creer es parte de la esencia del ser humano, así que no podemos pretender seriamente llegar a ser plenamente nosotros mismos e ignorar el papel primordial que las creencias tienen en nuestra vida.

MÁS ALLÁ DE UNA VIDA DIVIDIDA

¿Por qué las creencias constituyen un elemento central de nuestra discusión? La razón consiste en que no hay una forma más efectiva de generar infelicidad duradera que actuar en contra de lo que creemos. Cuando actuamos en contra de nuestras creencias, ocasionamos desdicha en nosotros mismos y en los demás. No puedes ser plenamente tú traicionándote a ti mismo. Lo que creemos juega un rol medular en tu felicidad o en tu desdicha. El dilema con que nos enfrentamos es discernir cuáles de nuestras creencias han sido producto del condicionamiento o de una formación errónea, y cuáles creencias constituyen, desde todos los ángulos, una verdad auténtica.

El luchar con nuestras propias creencias es parte del proceso de alcanzar la madurez. Algunos de nosotros desechamos las creencias condicionadas con facilidad, quizás con demasiada facilidad, mientras a otros se les hace realmente difícil ceder aun a aquellas creencias destructivas. En el pasado, la creencia de que el hombre debía ser el proveedor de sus familias era aceptada prácticamente por todos. Ahora los tiempos son distintos, y en muchos casos, las mujeres son las únicas proveedoras del hogar. A pesar de eso, aún hay hombres que se sienten desgarrados entre una creencia que es producto del condicionamiento y la realidad de sus vidas.

Mi padre fue criado en Londres, en un ambiente pobre. Posteriormente en su vida, tenía una aversión al riesgo cuando se trataba de hacer una inversión. A lo largo de los años su situación de pobreza pasó a una situación de relativa prosperidad; sin embargo, sus creencias respecto al dinero no cambiaron. Se preocupaba por el dinero y esto afectaba su habilidad de disfrutar lo que tuviera. Sus creencias sobre el dinero afectaban su dicha. Estos son simples ejemplos, pero cualquiera que sean estas, nuestras creencias influyen nuestro diario vivir. A veces creemos en algo de lo que ni siquiera somos conscientes, dado que esas creencias están profundamente arraigadas en nuestras experiencias pasadas.

¿Te sientes dividido a veces? ¿Estás alguna vez consciente de tus conflictos internos? ¿Te sientes atraído en dos direcciones distintas? Hace algunos años parecía que cuando uno de mis amigos cercanos me preguntaba cómo me sentía, la respuesta era: "¡En conflicto!" Mi hermano acaba de morir trágicamente en un accidente automovilístico, mi papá había fallecido de cáncer hacía dieciocho meses y yo me estaba cuestionando muchas cosas en mi vida y en el mundo. Me sentía en conflicto. Pensaba que debía estar haciendo ciertas cosas, pero me sentía atraído a otras. Este fue un tiempo de particular desconcierto provocado al enfrentar la muerte, una experiencia que te sacude y te cala profundamente. En realidad, todos experimentamos conflictos internos de diferentes maneras. Con frecuencia voy a un restaurante y cuando veo el menú realmente me apetece una hamburguesa con papas fritas, pero usualmente termino ordenando una ensalada con salmón a la plancha. Hay entonces una lucha interna que toma lugar desde el instante en que ojeo el menú, hasta el momento en que le doy la orden al mesero. Por ejemplo, tal vez tienes un plan de ahorro, pero hacia fines de mes ves algo en una tienda que realmente quieres comprar. ¿Lo compras o no lo compras? Esto crea otra situación de conflicto interno.

A menudo en esos momentos, sabemos qué es lo que deberíamos hacer. Sabemos cuáles de las opciones nos conducirán hacia una dicha duradera, pero nos sentimos más atraídos por los placeres del momento. Sin embargo, algunas cosas pueden ser inicialmente un placer y transformarse luego en desdicha. El uso del alcohol puede ser placentero al principio y luego convertirse en miseria. Los bienes aparentes, lo que puede parecer ser bueno y placentero, pero que en verdad conllevan miseria y desdicha, con frecuencia nos embaucan. Pueden parecer buenos porque son atractivos, seductores, placenteros o apetecibles, pero cuando le damos rienda suelta a lo que nos ofrecen, sentimos que nos hace falta paz interior; es como que si viajaras sin boleto, ansioso de que te vayan a descubrir. Muy frecuentemente, los bienes aparentes nos embaucan simplemente porque actuamos impulsivamente y no nos damos suficiente tiempo para reflexionar en lo que estamos a punto de hacer.

El resultado neto es que cuando actuamos en contra de lo que creemos, comenzamos a crear una división en nuestro interior. Cuando mentimos, por ejemplo, creamos una brecha artificial entre nuestras creencias y nuestras acciones, y esta separación genera un sentimiento de disgregación y de conflicto interno.

Por consiguiente, la realidad es que vivimos en un mundo donde la gente, cada vez más frecuentemente, parece estar actuando en contra de lo que cree y muchos de nosotros estamos viviendo vidas divididas. Una vida disgregada siempre encuentra sus raíces en el engaño a uno mismo. Abandonamos nuestras creencias, justificamos el hecho y nos abdicamos de la responsabilidad con mil excusas: "Le fui infiel a mi esposa porque ella no me prestaba suficiente atención". "Mentí respecto a mi ingreso porque los impuestos son demasiado altos. Además todo el mundo miente respecto a su ingreso. Los únicos que no mienten son los que no pueden hacerlo, pero si pudieran, lo harían". "Todos mis amigos lo hacen; entonces pensé que lo intentaría". En estos actos, grandes o pequeños, lo que realmente está tomando lugar es la traición a nuestro propio ser. Cuando abandonamos aquello en lo que creemos, nos abandonamos a nosotros mismos.

Sin duda alguna, una vida disgregada puede cautivar nuestra atención, pues de otra forma no nos atraería en primer lugar; sin embargo, viene a un costo muy grande para nosotros mismos y para los que nos rodean. El costo para nosotros se manifiesta en diversas formas, desde inquietud, enfermedad, habilidad reducida para contribuir positivamente a la sociedad e incapacidad de experimentar la dicha de negarse a uno mismo, un descontento general y la falta de capacidad para construir relaciones valiosas. Esto conlleva graves repercusiones.

Dios, en el primer mandamiento, aborda este mismo punto. El primer mandamiento nos aconseja no vivir una vida disgregada. "Yo soy el Señor tu Dios, el que te sacó de Egipto, de aquel lugar de esclavitud. No tendrás otro Dios fuera de mí" (Éxodo 20:2–3). El profeta Oseas le advirtió a la gente de Israel respecto los riesgos de vivir una vida disgregada. Ellos estaban tratando simultáneamente de a dar culto a Dios y a los ídolos paganos y eso los estaba destruyendo.

Santiago nos amonesta sobre la vida dividida: "Un hombre así no recibirá nada del Señor, es un hombre de doble vida, un inconstante en todo cuanto hace" (Santiago 1:8).

Muchas personas al ser confrontadas con la falta de unidad de sus vidas, se excusarán ampliamente, como discutimos anteriormente: "Esta es mi vida y yo puedo hacer con ella lo que quiera" y "Déjenme solo—así soy yo". Pero como descubrimos en el capítulo tres, no hay actos personales, estrictamente hablando. Si decidimos vivir una vida disgregada al traicionarnos a nosotros mismos, inevitablemente afectará la vida de las personas que nos rodean, aun las vidas de aquellos a los que quizás nunca conozcamos.

Parker Palmer, una de las voces más espléndidas, apacibles y humildes de nuestra época, escribió: "La disgregación es una patología personal, pero pronto se transforma en el problema de otros". Somos testigos de este fenómeno en el ámbito empresarial, en las clases, en los hospitales, en la política nacional e internacional, en las familias y en nuestras relaciones más íntimas. Nuestro mundo es víctima de las inevitables consecuencias de las vidas disgregadas: violencia, corrupción política, relaciones quebrantadas, injusticia económica, ruina ambiental y guerra. Todas son expresiones externas de nuestra división interna. Cuando nos traicionamos creamos estragos y miseria para nosotros mismos y para los demás. Cuando no le somos fieles a Dios y a la persona que Él tiene en mente para nosotros, hacemos un daño terrible, mayor del que somos conscientes.

El costo de una vida disgregada es devastador y enorme. Y a pesar de ello y aun en medio de todo esto, rescatamos dos cosas extraordinarias: nuestro deseo de ser íntegros y la voz que nos conduce a esa integridad.

Me debato con lo mismo que te debates tú, y todos los demás. Anhelo superar y dejar atrás la falta de unidad en mi vida. Anhelo ser íntegro. Personalmente sé lo que es una vida disgregada. En más de una ocasión puedo recordar con claridad que me he engañado. Y aun así emerjo de todo esto con un gran deseo de vivir una vida íntegra. No experimento un deseo atenuado, sino fortalecido, el cual progresivamente cobra más vigor.

No tengo ilusiones de algún tipo de perfección robótica hacia la que todos deberíamos avanzar, pero anhelo la integridad que me permite aceptarme sin reservas y al mismo tiempo esforzarme en lograr todo lo que soy capaz de ser. Esta integridad se compone de satisfacción y anhelo—el estar satisfechos con quien somos hoy día y el anhelar ser mejores personas mañana. La clave de las relaciones sanas con nosotros mismos y con los otros es buscar ese delicado equilibrio que permite a ambos aspectos coexistir.

El aspecto esencial para crear este equilibrio es alinear nuestras acciones con nuestras creencias. Mediante la pluma y el papel, mis ideas se transforman fácilmente en palabras; sin embargo, debo admitir, que esta es la lucha constante de mi vida—y sospecho que en la tuya también. Cuando vivo mi vida de forma desvinculada de mis creencias, no me siento dichoso; por tanto, estoy convencido de que la felicidad duradera no puede encontrarse sin integrar nuestras acciones con lo que creemos.

¿Estás viviendo una vida en sintonía con tus creencias o estás llevando una vida dividida?

NUESTRA AUTÉNTICA VOZ INTERIOR

Pareciera entonces que el gran reto que tenemos es poder llevar a cabo aquello en lo que creemos. Esto es sorprendentemente fácil. Cuando nos enfrentamos con los dilemas de la vida diaria tenemos una guía que nunca se equivoca, pero es frecuentemente ignorada. La voz del yo auténtico nos llama incesantemente desde nuestro interior. Tradicionalmente se le ha llamado la voz de la conciencia, pero independientemente de qué nombre le damos, todos tenemos esta voz silenciosa y sutil dentro de nosotros y ella constituye nuestra guía más real.

Constantemente somos objeto de tantas voces—las voces de nuestros padres, amigos, maestros, mentores, entrenadores, hermanos, jefes, expertos, celebridades, políticos, predicadores, consejeros y consultores. Todas estas voces hacen que fácilmente ahoguemos nuestra silenciosa voz interior. Sin embargo, nuestra voz interior es la de nuestro auténtico ser. Es la mejor versión de ti mismo dirigiéndose a ti. Es la voz de la integridad, la voz del carácter, la voz de la virtud. Esta es posiblemente la única voz en tu vida que no tiene otras intenciones más que verte llegar a ser más plenamente tú.

El identificar un conjunto de valores esenciales y desarrollar una declaración de tu misión personal son ejercicios útiles y de gran impacto, pero sobre todo es tu voz interior la que te ayudará a descubrir aquello en lo que crees, no todo de una vez, aunque así lo quisiéramos, sino paso a paso, a lo largo del camino. Si aprendes a escuchar la voz sutil dentro de ti, se tornará cada vez más intensa, y si vives de acuerdo a lo que escuchas, esa voz se hará más clara con cada día que pasa.

Simplemente porque estás extraviado, no significa que tu brújula no funciona. La voz de tu ser auténtico te ayudará a sanar las heridas ocasionadas por vivir una vida dividida, aconsejándote momento a momento para actuar conforme a lo que es bueno, noble y bello. Tu voz interior alineará tus acciones con tus creencias y empezarás a crear una nueva armonía en tu vida.

La segunda lección con miras a una felicidad duradera era "Simplemente haz lo correcto". ¿Cómo sabemos qué es lo correcto en el momento presente? Lo discernimos escuchando la voz de nuestro ser auténtico, la voz sutil pero persistente en nuestro interior. La tercera lección es "Primero el carácter". ¿Cómo le asignamos al carácter el primer lugar? Alineando nuestras acciones con las convicciones de nuestro corazón. Es la unión entre lo que creemos y lo que hacemos lo que da lugar a una vida íntegra.

Con frecuencia tomamos a la ligera el cliché "Escucha la voz de tu corazón" y pensamos que es demasiado melosa y un tanto cursi. Es en parte porque esta frase está muy trillada al haberse repetido por tanto tiempo y con tanta frecuencia y también porque mucha gente ha estado usando esta idea para justificar toda clase de decisiones y acciones egoístas. Sin embargo, en la mayoría de los clichés encontramos una perla, algo de verdad, una verdad invariable y absoluta. Nos convendría superar los prejuicios que tenemos respecto a este cliché y tomar el consejo de nuestros corazones con mayor seriedad.

Cada año miles de personas buscan mi consejo con respecto a diversos asuntos que van desde la temática de las relaciones hasta los negocios o la política, desde la crianza de los niños hasta la consecución de los sueños personales. Más del 90 por ciento de ellos ya saben qué es lo que deberían hacer en determinada circunstancia. La mayoría de las veces buscamos consejo porque nos hace falta el coraje para hacer lo que debemos hacer, porque tenemos la esperanza de que alguien tenga la capacidad de sacarnos de una situación que sabemos que inevitablemente debemos enfrentar si queremos estar en paz con nosotros mismos, o porque simplemente deseamos la solidaridad que viene de saber que alguien que conocemos está al tanto de la situación que nos apremia. Con esto no quiero decir que no deberíamos buscar consejo, ni tampoco me molesta ser el consejero a quien tantas personas buscan, todo lo contrario; sin embargo, no conozco a nadie que haya confiado demasiado en su voz interior. La mayoría de nosotros erramos en el sentido contrario—el no pedirle consejo casi nunca al yo auténtico.

Las voces del mundo pueden ser muy seductoras, pero no hay ninguna voz que pueda sustituir la sutil voz de nuestro ser. El consejo de

Sócrates es sabio: "Una vida sin examen no merece la pena ser vivida". Tomemos la decisión de reservar unos minutos cada día para retirarnos de la bulla, el ruido y la locura del mundo exterior y refugiarnos en el santuario del silencio para descubrir así quienes somos realmente, en qué creemos y para qué estamos aquí. Decidamos en este instante a tomar más tiempo para escuchar esa voz interna y reflexionar sobre lo que pasa dentro de nosotros. Si alimentamos y nutrimos nuestra vida interior, nuestra vida exterior florecerá y dará frutos.

Si no haces nada más en esta vida, aprende a escuchar la voz sutil dentro de ti. Te guiará, y si la sigues, vivirás una vida fuera de lo ordinario.

UNIDAD DE VIDA

Esto es lo que anhelamos: unidad de vida. ¿Qué es unidad de vida? Es el sentido de que nuestra vida es una—no muchas partes o compartimentos, sino una sola vida que vibra al unísono. La unidad de vida da lugar a la paz interior. Es el opuesto del sentimiento de división y de conflicto que discutíamos anteriormente en este capítulo. La unidad de vida es el resultado de alinear nuestras acciones con lo que creemos, conduciéndonos a una vida de integridad, una vida cabal, una vida sin divisiones.

Entre 1953 y 1981, la pacifista Mildred Lisette Norman, mejor conocida como "Peace Pilgrim", caminó más de veinticinco mil millas a través de los Estados Unidos, propagando su mensaje de paz. Caminó con personas en caminos llenos de polvo, en las calles de las ciudades, a las universidades, a las iglesias, acompañada de grupos cívicos, en la televisión y en la radio, refiriéndose a la paz interior y a la paz en el mundo. En sus escritos sobre paz interior se refirió a las cuatro formas de prepararse. La segunda cobra especial interés para nosotros en este momento:

La segunda forma de prepararse tiene que ver con poner nuestras vidas en armonía con las leyes que gobiernan el universo. Si no estamos en armonía por pura ignorancia, sufrimos un poco; sin embargo, si tenemos cierto conocimiento y todavía estamos en desarmonía, entonces sufrimos mucho más. He reconocido que estas leyes son bien conocidas y bien aceptadas y por lo tanto simplemente deben ser bien vividas.

Entonces me ocupé en un proyecto muy interesante. El objetivo era vivir todas las cosas buenas en las que creo. Para no confundirme decidí no adoptarlas todas al mismo tiempo sino que en lugar de eso, si me encontraba por ejemplo, haciendo algo que sabía que no debía, lo dejaba y siempre renunciaba a aquello expeditamente. Ya ves, esa es la forma más fácil de lograrlo. Por el contrario, dejar de hacer algo gradualmente es un proceso largo y duro. Y si yo no estaba haciendo algo que sabía que debía estar haciéndolo, simplemente me ocupaba de ello. Si ahora creo en algo, lo vivo. De otra forma no tendría sentido creerlo. No se puede gozar de una vida en armonía a menos que la creencia y la práctica también lo estén.

Si deseamos en algún momento gozar de armonía, de paz interior y de unidad de vida, debemos empezar a alinear nuestras acciones con nuestras creencias. En nuestro camino hacia una felicidad duradera es importante recordar con frecuencia que la felicidad no se obtiene rastreándola hasta alcanzarla como que si fuéramos de cacería, sino que se obtiene como resultado de vivir rectamente. Y una vida recta, una vida íntegra, se logra al darle vida a todo lo bueno que creemos, a través de las acciones concretas que realizamos cada día.

El problema que enfrentamos es que vivimos en una sociedad que estimula la duplicidad. Se promueve que los doctores dejen sus creencias personales en la puerta de la sala de cirugías, se les dice a los profesores que dejen las suyas en la puerta de la sala de clase, y en pro de la unidad del partido, se les pide a los políticos traicionar sus propias creencias en ciertos temas, y los ejemplos son innumerables. Toda esta duplicidad se reclama en nombre de la unidad, pero la verdad es que nos está dividiendo y destruyendo.

No puedes dejar tu ética y tus creencias en la puerta de tu lugar de trabajo y esperar aun así vivir una vida que refleje armonía y unidad. Y cuando estás pasando un rato con ciertos amigos no puedes dejar a un lado tus valores y convicciones y pretender aun así conservar tu paz interior. El carácter y las creencias no son como un interruptor de luz que se enciende y se apaga a conveniencia o como un abrigo y un sombrero que se deja por un rato en la sala de espera. Son parte del tejido que conforma la tela de nuestro ser y cuando los tratamos como accesorios, o como algo desechable, creamos divisiones profundas en nosotros mismos.

La integridad personal—el vivir según nuestros principios, el desear proactivamente el bien común, el hacer lo que decimos que haremos—constituye la esencia de la unidad de vida. ¿Cómo, entonces, comienza uno a crear esta unidad de vida?

Empezamos dirigiéndonos a Dios en oración. "Enséñame tu camino, Señor, para que te sea fiel; guía mi corazón para que respete tu nombre" (Salmo 86:11).

Señor inspírame a vivir una vida indivisa. Echa afuera todo aquello que obstaculiza el vivir la unión de vida para la cual me has creado y dame el coraje para tomar las decisiones que me permitan defender y celebrar dicha unidad. Amén.

La unidad de vida se consolida tomando una decisión a la vez. En cada momento debemos darnos el tiempo para escuchar a aquella voz suave y silenciosa en nuestro interior y actuar de acuerdo a lo que escuchamos. En la mayoría de las ocasiones sabemos lo que debemos hacer. Siempre me sorprende como un niño de cuatro a seis años viene a ti y dice: "¿Puedo . . . ?" y le preguntas: "¿Te ayudará eso a llegar a ser una mejor versión de ti mismo?" Él lo sabe al instante. No desconoce lo que es capaz de hacer. No tiene problema en reconocer lo que es bueno para él y lo que no lo es. La voz del ser auténtico es probablemente más vigorosa en los niños que en el resto de nosotros, quienes la hemos estado ignorando por años y años.

¿Eres la misma persona en el trabajo que en la casa? ¿Eres una persona distinta con tus amigos de la que eres con tu pastor? Si las personas que están en tu vida se reunieran y hablaran de ti, ¿creerían que están hablando de personas distintas? Tenemos la tentación de dividir nuestra vida en compartimentos—a poner el trabajo por aquí y la vida de familia por allá, nuestras creencias y nuestra espiritualidad en una esquina y nuestra vida social en la otra. Esta dinámica crea disgregación en nuestro interior y se constituye en el enemigo de nuestra paz interior.

La unidad de vida genera una sensación de continuidad entre los diferentes aspectos de nuestra vida y de nuestra personalidad. Mientras intentamos lograr de nuevo el equilibrio y la armonía con todo lo que consideramos bueno y verdadero, no le restamos peso al papel esencial que tiene la responsabilidad personal y la fuerza de la amistad. Tenemos una gran capacidad de engañarnos a nosotros mismos. Nos justificamos y encontramos razones que parezcan posibles para explicar nuestro comportamiento a nosotros mismos y a los demás, razones que no representan la verdad, en un vano intento de convencernos que la duplicidad es ventajosa, manejable, inofensiva o simplemente necesaria. Hay aspectos de este trayecto que deben enfrentarse a solas, permitiéndonos un espacio en silencio para discernir quiénes somos y para qué estamos aquí, y para tomar decisiones a solas. Pero en general, el lastre del trayecto es mucho como para recorrerlo solo. Necesitamos la ayuda de los otros. En las comunidades sanas vemos que la gente progresa. No importa si una comunidad es pequeña como una familia o grande como una nación, su salud yace en su disponibilidad para estimular y apoyar a cada persona a desarrollarse, llegando a ser más plenamente ella misma. Este es precisamente el sueño de Dios para cada familia y el sueño de Dios para Su iglesia.

Tarde o temprano, nos elevamos o descendemos al nivel de nuestras amistades. Los amigos de carácter e integridad no tienen sustituto en la vida de una persona.

Es impresionante que todavía actualmente, en una época caracterizada por importantes avances tecnológicos, cincuenta mil personas mueran cada día en África de enfermedades que pueden prevenirse y por extrema pobreza. Cincuenta mil personas. Personas de verdad, realmente muriéndose cada día. Deja correr tu dedo sobre el globo terráqueo y encontrarás infinidad de ejemplos de pobreza extrema y de injusticia. Sin embargo, en las naciones desarrolladas, la gran pobreza que se vive es la carencia de amigos genuinos. Necesitamos amigos que nos ayuden a ser íntegros, no amigos que contribuyan a nuestra disgregación. Por cierto, ¿no sugiere la palabra *amigo* algo positivo y bueno? Creo que en muchos casos esta palabra se usa con mucha ligereza. Un verdadero amigo es aquel que te ayuda a llegar a ser una mejor versión de ti mismo, es aquel que te estimula pero también te cuestiona y te reta a crecer, aquel que te escucha pero que a la vez te hace reflexionar y te ayuda a ver las consecuencias de tus propias acciones.

Me doy cuenta a través de las conversaciones que se dan en mis seminarios o de la correspondencia que recibo que una de las mayores dificultades cuando las personas deciden recorrer un nuevo camino y emprender el viaje para encontrarse de nuevo a sí mismas, es que se sienten muy solas. Muchos abandonan el trayecto simplemente porque no encuentran a nadie que quiera caminar con ellos. Y solo un alma extraordinaria puede realizar ese viaje sola. Necesitamos que nos apoyen y que nos estimulen, pero también necesitamos rendirnos cuentas si queremos restaurar y mantener nuestra unidad de vida. Identifica unos pocos amigos para que te acompañen a lo largo del camino. Trátense con sinceridad y con aprecio, porque los amigos que nos ayudan a llegar a ser la mejor versión de nosotros mismos constituyen quizás la belleza más escasa de nuestra cultura moderna.

Nos encontramos así ante una encrucijada. ¿Continuaremos viviendo vidas divididas o buscaremos ser íntegros creando unidad entre los diferentes aspectos de nuestra vida?

No más disgregación en nuestra vida. ¿No es eso lo que todos anhelamos? ¿No deseas sentirte totalmente integrado? Y si buscamos la integridad seriamente, debemos lidiar con dos cosas: la capacidad de ser consciente y la capacidad de elección. Estos dos aspectos son la fuente de la división y de la unidad, la fuente de nuestro quebrantamiento y de nuestra sanación. Es sorprendente e impactante el simple hecho de reconocer nuestra disgregación y nuestra necesidad de unidad. En eso consiste precisamente nuestra capacidad de consciencia. Y luego podemos responder a lo que hemos reconocido y observado en nosotros mismos y en nuestras vidas. A esto le llamamos capacidad de elección. Podemos escoger un camino alternativo y alejarnos así de un esquema compartimentado o podemos ignorar lo que hemos descubierto y refugiarnos en esa disgregación.

El conflicto interno y la disgregación es la epidemia que ha afectado a muchos, producto de vivir una vida contraria a los principios y valores en que creemos. ¿Estás viviendo una doble vida? ¿O triple, quizás? ¿Cuádruple? ¿Vives una vida en la escuela, otra en el trabajo, otra en la casa, en la iglesia y otra distinta con tus amigos? ¿Eres una persona cuando estás con ciertas personas y otra persona distinta en otros círculos? ¿Cuántas vidas vives?

EL PROBLEMA NO ES LO QUE NO CREES

Lo que creemos tiene un papel preponderante en nuestras vidas. No pueden limitarse a un único aspecto de las experiencias vividas y una vez que hemos incorporado ciertas creencias a las nuestras, es muy difícil ignorarlas o deshacernos de ellas sin causar un gran daño a nosotros mismos y a los que nos rodean. Por esa razón es vital no adoptar creencias a la ligera, sino actuar con gran cautela.

El problema no consiste en lo que no creemos sino en que no vivimos lo que creemos. La mayoría de las personas cuentan con un conjunto de valores y principios que beneficiarían enormemente a la sociedad si de hecho vivieran lo que creen. Sin embargo, con frecuencia pasamos tan ocupados que permitimos que el estrés y la fatiga tomen el control de nuestras vidas y esto inevitablemente nos lleva a engañarnos en mayor o menor grado.

Para cultivar el carácter requerimos de una gran disciplina y constante vigilancia. Y si dejamos que nuestras vidas se vean invadidas permanentemente por el estrés y la fatiga, ese objetivo se hace prácticamente imposible de alcanzar. El cultivar el carácter también demanda que dejemos de perseguir a un falso yo y dejemos el comportamiento impulsado por el ego. Esto requiere ser fuerte y requiere entregarse, lo cual parece paradójico, pero no lo es. En lo más profundo del alma reconocemos que el cultivar nuestro carácter requiere fortaleza. Esto lo vemos, por ejemplo cuando ante una situación injusta nos vemos en la necesidad de defender a los que no pueden hacerlo por sí mismos. Pero también debemos reconocer en lo más profundo de nuestro ser cuando el cultivar nuestro carácter implica entregarnos completamente, rendirnos. Por ejemplo, cuando nos damos cuenta que estamos respondiendo a un yo falso, tratando de satisfacer un deseo egocéntrico y desordenado.

Lo que creemos impacta toda nuestra vida: cómo vivimos, cómo trabajamos, cómo nos sentimos respecto a nosotros mismos y cómo nos sentimos respecto a los demás. Y en muchos sentidos es imposible esconder lo que creemos. Tu vida habla de lo que crees. Tarde o temprano, cada aspecto de tu realidad interior busca expresarse externamente. El pasar tiempo con tu familia es una expresión de tu creencia interna de que el tiempo empleado de esa forma es una valiosa inversión. El ser agresivo y rudo con la gente es una expresión externa de que internamente crees que los otros valen menos o son menos dignos de lo que lo eres tú, o de que temes que valgan más de lo que vales tú.

Pero en definitiva, la experiencia me lleva a creer que las personas son intrínsecamente buenas, que preferirían la felicidad y no la miseria del otro y que cuando su supervivencia no se ve amenazada, la gente está dispuesta a hacer un esfuerzo para ayudar a otros. Si viviéramos todo lo bueno que creemos, el mundo sería muy distinto, un lugar maravilloso para que nuestros hijos y nietos vivan y crezcan fuertes. Tenemos mucho en común aun con aquellos con quienes diferimos. Sus corazones, así como el mío y el tuyo, también están llenos de sueños y esperanzas, ellos también han sido quebrantados y golpeados por la vida de la misma forma que tú y yo y buscan un mejor mañana, así como lo buscamos nosotros.

La quinta lección:

VIVE LO QUE CREES

Estamos constantemente tomando decisiones, cientos de ellas diariamente. Es imposible reunir y analizar toda la información y tamizar cada una de esas decisiones a través del filtro conformado por las opiniones de los expertos. Entre más compleja se torna nuestra vida, más necesitamos acceder a la voz que susurra en nuestro interior.

En un mundo que cambia constantemente y a pasos agigantados, nos tenemos que plantear la siguiente pregunta: ¿Qué es invariable en mi vida? Porque lo que no cambia es lo que le da el sentido al cambio. Lo que no cambia en nuestro interior es lo que nos permite brillar en medio del cambio. Por un momento, reflexiona en la vida de los Estados Unidos como nación. ¿Qué le ha permitido a esta nación sobresalir aun en los tiempos de mayor transición? La Constitución. Sí se han hecho enmiendas a través del tiempo, pero la esencia de la Constitución permanece inalterada. Lo invariable nos permite darle sentido al cambio. Cuando los Estados Unidos se enfrenta a una oportunidad o a una crisis, la Constitución es la guía. En situaciones de cambio e incertidumbre, las únicas fuentes confiables de navegación son aquellas que permanecen constantes e invariables. La Constitución es la estrella que señala el norte en el cielo de la nación.

Nuestras creencias fundamentales desempeñan un papel muy similar en nuestras vidas. Nos guían en tiempos de incertidumbre y confusión. Nos permiten florecer y fructificar en situaciones de constante cambio en el hogar, en el trabajo, en el aula, en las relaciones y en la sociedad. Por eso es vital que nos demos regularmente un espacio a solas y en silencio y reflexionemos sobre lo más importante y sobre lo que creemos realmente. Sólo así podremos seguir el consejo de la voz de nuestro yo auténtico que nos susurra día y noche desde nuestro interior . . . y sólo así podremos establecer la unidad de vida que da lugar a la integridad, a la paz interna y a la felicidad duradera.

Una cosa es no creer en algo, pero es completamente diferente y debilitante creer en algo y no vivir de acuerdo a eso. Aunque le parezca a algunos pasado de moda, hay gran inquietud y patologías en nuestras vidas que podrían ser curadas rápidamente con una consciencia clara. Comencemos a vivir todas aquellas cosas buenas en las que creemos.

Aplicando la quinta lección:

VIVE LO QUE CREES

Pondré en práctica la quinta lección para descubrir el sueño de Dios en mi vida, a través de los pasos:

1. Comenzaré a vivir de acuerdo a lo que creo. Tengo la certeza de que cuando actúo en contra de mis creencias, invito a la desdicha a entrar a mi vida y a la vida de otros. Si hay algo que sé que no debería estar haciendo, inmediatamente me detendré. Comenzaré regularmente a conectarme con aquello que creo, y permitiré que esas creencias dirijan mis palabras, pensamientos y acciones.

2. Buscaré un sano equilibrio que me permita estar contento con quien soy yo hoy día y al mismo tiempo anhelar ser mejor mañana. Haré esto desechando la perfección genérica que con frecuencia es valorada en nuestra cultura, y me esforzaré en cada momento para procurar la integridad que viene de ser yo mismo de una forma más plena.

3. Reconoceré que la amistad es un don singular y a la vez una responsabilidad y afirmaré claramente en mi mente que el propósito primordial de un amigo es ayudar al otro a llegar a ser una mejor versión de sí mismo. Buscaré y cultivaré amistades que me lleven a alcanzar niveles más altos, que me motiven, que me reten a ser mejor y que generen vida en mí. Y seré consciente de relaciones que drenan mi energía y me inducen a engañarme, alejándome de ellas cuando sea necesario. Me daré a la tarea de estimular a los otros a vivir de acuerdo a todo lo bueno que forma parte de sus creencias.

4. Cuando me siento en conflicto o disgregado, me daré una pausa para determinar cómo mis palabras, mis pensamientos y mis acciones se han desviado de lo que creo. Valoraré esos sentimientos de división y de conflicto interno porque me recuerdan mi deseo de integridad. Consciente de este deseo buscaré lograr esa unidad en todas las áreas de mi vida.

Seis

Más allá de la satisfacción momentánea

A menudo nuestra cultura prescribe el placer del momento como el remedio para curar nuestro profundo deseo de felicidad. Como resultado, caemos frecuentemente en la trampa de creer que seríamos felices si pudiéramos hacer lo que se nos antoja en cualquier instante. Tenemos un apetito insaciable por lo que nos cause una satisfacción inmediata y esta tendencia nos hace alejarnos cada vez más del carácter, de la virtud, de la integridad, de la totalidad y de nuestro auténtico ser. Y, por si fuera poco, a nuestra indomada afinidad por el placer inmediato, se suma nuestra equivocada noción de creer que la libertad nos otorga la posibilidad o el derecho de hacer lo que queramos. Todo el tiempo conozco personas que me dicen que quieren empezar su propio negocio. Cuando les pregunto por qué, espero escuchar que quieren hacer algo que les apasione o que quieren involucrarse en un trabajo que tenga un gran sentido para ellos. Pero la respuesta que comúnmente obtengo es que así no tendrían un jefe que les diga qué es lo que deben hacer. De igual forma, los estudiantes de secundaria están siempre quejándose de los límites que les ponen sus padres y sus maestros.

¿Creemos realmente que una vida sin estructura o sin disciplina es capaz de otorgarnos la felicidad que deseamos? Además, ¿qué tan exitoso podría ser tu negocio si estuvieras siempre a merced de tus deseos e hicieras todo lo que se te antoja, cuando se te antoja? ¿En qué situación financiera estarías si compraras todo lo que quieres, en el momento en que lo quieres? ¿Qué tan saludable estarías si comieras todo lo que te apetece en el momento en que te apetece? Y, ¿qué tan saludables serían tus relaciones si sólo hicieras lo que deseas hacer en el momento en que lo deseas?

Una vida sin disciplina propia no te conduce a la felicidad—te lleva a la ruina. Tu vida, en todos sus ámbitos—físico, emocional, intelectual, espiritual, profesional y financiero—se beneficia de la autodisciplina. ¿Significa esto que nunca debas disfrutar del placer del momento? No. Pero implica que no podemos dejar que el deseo de complacernos sea el que guíe y dirija cada decisión. Tenemos que movernos por encima de la noción de que la disciplina es alguien diciéndonos qué hacer y celebrar la autodisciplina que nos libera. ¿Cuánta disciplina es necesaria? La respuesta depende de qué tan feliz quieras ser y cuánto quieres que dure esa felicidad.

EL MITO SOBRE LA FELICIDAD

Tengo un amigo que trabaja en el campo de los infomerciales—también conocidos como teletienda o programación pagada—y siempre me ha interesado saber cuáles de ellos cuentan con éxito. Parece que los programas de televenta se enfocan en cuatro áreas principales: alimentos y dieta, ejercicio, dinero, y relaciones. Todos ellos prometen diferentes tipos de "felicidad", y es asombroso ver cuánta gente compra. Echemos un vistazo a cada una de las cuatro áreas y a las promesas que se hacen, una por una.

El año pasado, los estadounidenses gastaron trescientos mil millones de dólares en productos dietéticos. Esto es indignante si consideramos que esta suma es mayor al producto interno bruto de muchas naciones. Es aún más inaudito si consideras que la única dieta que la mayoría de la gente necesita es un poquito de disciplina. Pero ese es el punto. Tengamos claro qué es lo que estamos comprando. No es disciplina lo que queremos, es poner la televisión y que alguien nos diga que podemos ser felices sin disciplina. Enciende la televisión a cualquier hora del día o de la noche y solamente ponte a pasar canales. Te encontrarás con el tipo que te dice que, si tomas la pastilla que él vende, tres veces al día y todos los días, podrás comer todo lo que quieras, en las cantidades que quieras, y tan a menudo como quieras y te seguirás viendo como un o una supermodelo.

Si no es el tipo de las pastillas es la mujer con sus pequeñas colchonetas y ¿qué te dice? "¡Solamente acuéstate! ¿Lo ves? ¡No puede ser más fácil!" Ella te dice que nada más tienes que acostarte en su colchoneta por veinte minutos, dos veces a la semana. Le llamamos Pilates, y te promete que, si lo haces, puedes comer lo que quieras y lucir todavía como una modelo.

Y por supuesto tenemos al tipo en su máquina de ejercicios voladora. Él tiene el cuerpo de un dios griego y te asegura que tú también lo podrás tener si te montas en su máquina por veinte minutos tres veces a la semana. Las llamadas entran por montones y el infomercial se convierte en el más exitoso de la historia. Pero, ¿realmente crees que él consiguió tener un cuerpo así montándose en esa maquinita por veinte minutos, tres veces a la semana?

Pasa un par de canales más y ahora verás al charlatán de bienes raíces prometiéndote que puedes comprar cualquier propiedad que quieras sin pago inicial y que en el transcurso de sesenta días podrás tener un flujo positivo de efectivo de veinte mil dólares al mes. ¿Alguna vez has comprado una propiedad? ¿Cuánto le toma a uno encontrarla, negociar el precio, arreglar el financiamiento, tener la propiedad inspeccionada, hacer el cierre y todo lo demás? ¡Espera un momento! Hay una letra menuda al pie en la parte inferior de la pantalla. ¿Qué dice? En una letra tan diminuta que te preguntas si no es simplemente una raya y en una letra de imprenta que, por cierto, está escrita en blanco sobre blanco para minimizar las posibilidades de que el lector pueda leerla, dice que los resultados varían de persona a persona.

Pero tal vez lo que realmente te está molestando en este momento es tu relación, así que sigues pasando canales. En una rápida sucesión te encuentras con mujeres en bikini diciéndote que si te sientes solo, tomes el teléfono y llames a un cierto número, y entonces un anuncio o un servicio de citas en línea te promete conectarte con alguien que es la perfecta combinación para ti, y a continuación un psicólogo te promete que su programa te capacitará para encontrar una persona que te dé todo lo que quieras y cuando quieras sin esperar nada a cambio. ¿No es algo ilógico e irracional siquiera desear una relación que calce con esa descripción?

¿Es que somos demasiado ingenuos? No lo creo. Creo que es desesperación. Estamos desesperados por mantener vivo el mito que domina a nuestra cultura. ¿Qué tienen en común todos estos infomerciales? ¿Cuál mentira comparten? Todos hacen que suene divertido y fácil, y ninguno habla de disciplina y de trabajo duro. La mentira común entre todos estos programas es que puedes ser feliz sin disciplina. Este es el mito que impulsa nuestra cultura y estamos dispuestos a pagar cualquier cantidad de dinero para mantenerlo vivo, dado que las alternativas nos parecen demasiado abrumadoras.

El común denominador de toda dieta exitosa es la disciplina. Tú sabes cuáles alimentos son buenos para ti y cuáles no lo son. Escoge aquellos que son beneficiosos y cómelos moderadamente. Tendrás mejor salud y serás más feliz. El común denominador de todo plan financiero que goce de éxito es la disciplina. Elabora un presupuesto, controla el gasto, ahorra e invierte. El común denominador de todas las relaciones exitosas es la disciplina. El estar consciente de las necesidades físicas, emocionales, intelectuales y espirituales de otra persona y responder a ellas conlleva una disciplina real. El común denominador de las rutinas de ejercicios que son exitosas es la disciplina. El común denominador de las carreras profesionales exitosas es la disciplina. El común denominador de las organizaciones exitosas es la disciplina.

Y uno de los factores más importantes de esa disciplina es la consistencia. La salud, el situación financiera, las carreras profesionales, las organizaciones, las relaciones, todo ello requiere consistencia si ha de prosperar prolongadamente en el tiempo.

Nuestras vidas están sobresaturadas de expertos y programas. Somos personas inteligentes. No necesitamos ni la mitad de los expertos ni de los programas que tenemos en nuestra vida; lo que necesitamos es disciplina. Y ni todos los programas ni todos los expertos la pueden sustituir.

San Pablo escribe: "En cambio, los frutos del Espíritu son: amor, alegría, paz, tolerancia, amabilidad, bondad, fe, mansedumbre y dominio de sí mismo..." (Gálatas 5:22–23).

No puedes ser feliz sin disciplina. De hecho, si quieres medir el nivel de felicidad en tu vida, mide el nivel de tu disciplina. Nunca tendrás más felicidad que lo que tienes de disciplina. Si quieres incrementar tu nivel de satisfacción en cierta área de tu vida, incrementa tu nivel de disciplina en dicha área. La disciplina y la felicidad están directamente conectadas. Al mismo tiempo es importante reconocer que la disciplina por sí sola no basta. Por ejemplo, los fariseos eran tremendamente disciplinados. Sin embargo, la disciplina sin amor, humildad y compasión se torna un obstáculo para la felicidad que Dios desea para nosotros.

¿CUÁNTO DURAS SIN PERDER LOS ESTRIBOS?

La templanza, el control sobre nosotros mismos, es ese ingrediente que los productos, los programas y los expertos no nos pueden vender. El autocontrol es un regalo que nos hacemos a nosotros mismos y que constituye la esencia de la disciplina. No nacimos con él; lo adquirimos, y lo adquirimos practicándolo. Enfoquemos ahora nuestra discusión sobre el autocontrol, en tres áreas: temperamento, apetitos e impulsos.

De vez en cuando escucharás a alguien decir: "¡Ay, ni le hagas caso! ¡Simplemente pierde fácilmente los estribos!" Usualmente escuchamos este comentario como excusa ante una rabieta o un arrebato emocional que se ofrece como si el tener un mal temperamento fuera un tipo de estado inalterable que es determinado genéticamente. ¿Por qué es que algunas personas pierden los estribos prácticamente por nada, mientras que otras parecen tener la paciencia de Job? ¿Nacemos con un temperamento predeterminado? Honestamente no lo sé; sin embargo, creo que nuestra habilidad para mantenernos en control y con los pies en los estribos es perfectamente modificable. Podemos escoger si vamos a hacer la persona que responde con rabietas o la que tolera pacientemente las decepciones inevitables de la vida. Las personas no tienen mal temperamento; tienen temperamentos mal entrenados.

Hay un momento de decisión entre el instante en que algo nos altera y nuestra reacción ante ello. En ese lapso de hecho decidimos la forma en que vamos a reaccionar, independientemente si eres consciente o no de que lo estás decidiendo. Con la práctica podemos reconocer mejor ese momento y prolongarlo, haciendo un esfuerzo consciente. De esta forma, nos permitimos tomar una decisión inteligente respecto a la respuesta apropiada. Podemos usar ese momento para respirar profundamente o darnos un espacio para calmarnos.

Tengo siete hermanos, y como podrás imaginarte, había momentos en que como niños que éramos, dábamos bastante que hacer. Cuando se nos había ido la mano, mi mamá nos enviaba al cuarto de lavado. Eso quería decir que nos iban a dar una nalgada, usualmente con una cuchara de madera. No cabíamos todos en el cuarto, así que unos terminaban sentados afuera. Nadie quería ir primero porque todos sabíamos que iba a estar cansada cuando se acercara al último, pero a veces comenzaba con los de adentro y a veces con los de afuera.

Una vez que nos había enviado al cuarto de lavado, mi madre se hacía un café y se sentaba en la cocina a tomárselo con todo el tiempo del mundo, antes de disciplinarnos. Años después le pregunté por qué hacía eso y me dijo que a veces la enojábamos demasiado y que no quería pegarnos por ira, sino por amor.

El tener dominio propio implica tomar consciencia de uno mismo. En la medida que desarrollemos una mayor consciencia respecto a nosotros mismos y sobre la forma en que reaccionamos a ciertas personas y situaciones, vamos a lograr controlar mejor nuestras respuestas. Es en el lapso de tiempo que transcurre entre un determinado evento y nuestra respuesta en que decidimos cómo vamos a reaccionar. Las personas que pierden los estribos con facilidad ni siquiera se percatan de ese momento ya que le permiten a su temperamento tomar el control y entonces cada vez reaccionan más impulsivamente.

Un temperamento irascible es un hábito que ha sido escogido y que puede ser modificado. Enojarse es algo natural e innato al ser humano. A la gente le encanta el pasaje bíblico en que Jesús va al templo y vuelca las mesas de los cambiadores de dinero. Nos revela un lado muy humano de Jesús con el cual nos podemos relacionar. Hay momentos en los cuales debemos expresar nuestro enojo y expresarlo con fuerza. Pero esos momentos son escasos. Como cualquier otra pasión, para que el enojo sea productivo, debe ser encauzado, controlado y moldeado por nuestra voluntad.

Los Salmos y Proverbios tienen bastante que decir sobre este tema. "El necio desfoga toda su ira; el sabio la enfrena y la apacigua" (Proverbios 29:11). "Pon, Yahvé, una guardia ante mi boca, un cerrojo en la puerta de mis labios"(Salmo 141:3).

La tecnología nos está ayudando a hacer las cosas más y más rápido, pero nosotros perdemos los estribos más y más fácilmente. Hace tiempo, la conexión a internet por línea conmutada era un milagro tecnológico, pero hoy nos parece la época de los dinosaurios. Las conexiones son cada vez más veloces, pero nunca parecen ser lo suficientemente expeditas. Los servicios de entrega de un día para otro solían ser una forma ágil de hacer llegar las cosas a un determinado lugar; ahora necesitamos que se entregue antes de las ocho de la mañana del día siguiente. Parece que hoy en día nada sucede lo suficientemente pronto, ¿o es que cada vez perdemos los estribos más rápidamente?

¿Sientes que deberías tener mayor control? La mayoría de nosotros necesitamos hacerlo. Vivimos en la cultura de la satisfacción inmediata. Estamos acostumbrados a obtener lo que queremos cuando lo queremos, así que cuando las cosas no salen de acuerdo a nuestras expectativas, empezamos a perder los estribos.

Interesantemente, con frecuencia podemos predecir las personas y las situaciones que nos sacarán de quicio. Estamos conscientes de ellas aún antes de que sucedan. Tal vez no sepamos cuándo van a suceder o aun si van a suceder, pero somos conscientes de ellas. Esa consciencia es un don importante. En el capítulo anterior, me referí al tema de la consciencia y de la capacidad de elección. Aquí se trata exactamente de lo mismo. Estas son dos de los grandes poderes de la mente y del espíritu humanos.

La sensibilidad, el percatarse de lo que acontece, es una forma de conciencia, y nuestra capacidad de elección es la forma en que respondemos a ciertos eventos. Todos hemos conocido personas que no se dan ni la más mínima cuenta de la forma en que su proceder afecta a otros. Vemos esto todo el tiempo en los alcohólicos y en personas con otras adicciones. La naturaleza de su adicción los hace meterse en sí mismos y erróneamente se posicionan en el centro del universo. No pueden entender las razones por la cuales la gente a su lado simplemente no puede pasarla bien. Con frecuencia hacen berrinches. Entre más toman, menos se percatan de quiénes son, qué están haciendo y cómo afecta eso a los que los rodean. Y entre menos se percatan, más fácilmente pierden los estribos. A menudo comienzan a hablar a gritos, a discutir, se vuelven abusivos, argumentativos y a veces violentos. Este es un ejemplo extremo, pero un caso más común es las personas que solo habla, habla y habla sin considerar en lo más mínimo si las personas con las que están hablando están interesadas o ni tan siquiera están escuchando. Esta es otra forma de una consciencia mermada respecto a uno mismo.

¿Por cuánto tiempo te mantienes en control? ¿Cuánto duras sin perder los estribos? De vez en cuando, la gente exclama: ¡Es que tiene mal genio! En realidad, todos tenemos podemos estar de mal genio.

Lo que debemos preguntarnos es si tenemos la capacidad de controlarlo. ¿Tú controlas tu temperamento, o es tu temperamento el que te controla a ti?

Cada persona tiene un temperamento. Puede argumentarse que el temperamento es producto de una combinación de factores genéticos y del entorno, pero estamos de acuerdo que el temperamento de una persona puede modificarse mediante un esfuerzo consciente. Un hombre impaciente puede llegar a ser un hombre paciente al practicar la paciencia. Una mujer que pierde los estribos fácilmente puede aumentar su rango de tolerancia y puede desarrollar su capacidad de sobrellevar en silencio determinadas circunstancias desfavorables. Un hombre codicioso puede transformarse en uno generoso, y así por el estilo. Nuestros temperamentos no están cien por ciento definidos al nacer; son modificables por medio de elecciones conscientes.

Tu temperamento es tu posición predeterminada, tu línea base, tu punto de partida a nivel emocional. ¿Es éste impredecible e inflamable? ¿Es apacible y sin prisas? ¿Es egoísta y desconsiderado? ¿Es generoso y afable? Sea el que sea, ese es tu punto de partida dado que has practicado aquellas cualidades que lo caracterizan. La buena noticia es que lo puedes modificar.

Cuando yo era adolescente tenía un muy mal temperamento. Siempre estaba en la cara al árbitro en la cancha de fútbol, vociferando si había sacado sus credenciales de una caja de cereal. Recuerdo una regañada que mi padre me dio después de un partido, camino a casa. Me dijo que yo llevaba su apellido, al igual que mis siete hermanos, y que mis acciones eran indignas del apellido que llevaba y que por tanto esas acciones tenían un efecto negativo sobre todos nosotros. A veces me portaba aun peor en el campo de golf. Tomaba todo demasiado en serio y me enfurecía por cualquier cosa en un santiamén, lo cual afectaba mi juego de golf más que ningún otro factor. Golpeaba el suelo con los palos de golf, los tiraba y sí, en ocasiones hasta los quebré. Ahora recuerdo esos momentos y me pregunto qué se hizo esa persona.

Más tarde, todavía en mis años de adolescencia, tuve extraordinarios entrenadores y mentores quienes me enseñaron la importancia del carácter y el poder de la virtud en nuestras vidas. Un entrenador de golf en particular me dijo que nunca iba a llegar a ser un buen golfista si no aprendía a controlar mi temperamento, y que, si no mostraba signos de mejoría inmediatamente, no trabajaría más conmigo. Luego me dio una serie de ejercicios para desarrollar mi paciencia e incrementar mi tolerancia; eran de respiración que, en retrospectiva, parecen bastante simples y rudimentarios, pero nadie me había mostrado nunca algo como eso. Pero el que tuvo el mayor impacto en mí fue el ejercicio que requería simplemente que me sentara y me quedara quieto. Todos los días me sentaba en una silla por treinta minutos—completamente quieto, sin hacer otro movimiento más que el requerido para respirar. Si me daba picazón en la pierna, debía ignorarla. "No te matará", decía él. "Se pondrá peor y después de un rato se irá". El espíritu se elevaba por encima del cuerpo. Estaba desarrollando una fuerza especial en mi mente y en mi corazón, mejorando así mi capacidad de autocontrol. Ya no explotaba ya fácilmente y definitivamente, esto me hizo un mejor jugador.

Esto nos aconsejó Santiago: "Ya lo sabéis, queridos hermanos. Mas todo hombre ha de estar pronto para oír, tardo para hablar, tardo para airarse" (Santiago 1:19).

La pregunta que nos debemos hacer no es: "¿Qué temperamento tienes? sino más bien, "¿Qué temperamento quisieras tener?" En El ritmo de la vida, escribí sobre la importancia de aprender a caminar como un hombre que no tiene preocupaciones mundanas. Quisiera ser capaz de convertirme más y más en ese hombre: un hombre que camina tranquilamente, que piensa tranquilamente y que actúa tranquilamente, aun bajo presión—especialmente bajo presión.

EL TIRANO MODERNO

El autocontrol es la base de la disciplina, así como un prerrequisito del carácter, de la integridad, de la felicidad, y como descubriremos más tarde en este capítulo, del amor y de las relaciones dinámicas. La primera área de autocontrol tiene que ver con el temple y el temperamento y estos están estrechamente relacionados con el dominio de la mente. La segunda área del autocontrol se centra en nuestros apetitos y en el cuerpo.

El ser humano está conformado por cuerpo y alma, los cuales están delicadamente vinculados por la voluntad y el intelecto. Los instintos y las respuestas condicionadas—reacciones reflejas aprendidas ante un estímulo—determinan el comportamiento de la mayor parte de los organismos del reino animal. Nosotros, sin embargo, como seres humanos, tenemos consciencia y capacidad de decisión de una forma que no la tienen los animales, y esto nos distingue de ellos. Estamos hechos a imagen de Dios; pero también tenemos instintos, y para bien o para mal, podemos responder condicionadamente, aunque al poseer facultades superiores de voluntad e intelecto tenemos la capacidad de escoger a cuáles situaciones queremos responder de forma condicionada. Aún más, somos conscientes de cuáles respuestas nos edifican y cuales nos destruyen. Esto cobra especial relevancia al considerar nuestra habilidad para controlar nuestros apetitos físicos.

El cuerpo humano es impresionante y maravilloso, pero si lo reducimos a un manojo de instintos, tenderá a la destrucción de sí mismo, cayendo en un millón de excesos y lujurias desenfrenadas. Por esa razón tenemos voluntad e intelecto, consciencia y capacidad de elección, para poder dirigir nuestro cuerpo hacia aquello que le hace bien. Pero no es así como funciona en nuestro diario vivir, ¿cierto? ¿Por qué? Porque el cuerpo tiene una voz. El cuerpo nos habla, nos grita, hace rabietas y nos hace una serie interminable de demandas y peticiones. Podemos ignorar esa voz, pero con demasiada frecuencia hacemos exactamente lo que nos pide hacer.

En la mañana, cuando apenas te estás despertando, tu cuerpo te dice: "Aún estoy cansado". Entonces presionas el botón de pausa del despertador y sigues durmiendo. Siete minutos después, cuando vuelve a sonar, tu cuerpo te dice: "¡Aún estoy cansado!" Entonces vuelvas a pausar la alarma.

Cuando finalmente sales arrastrándote de la cama, tu cuerpo te dice: "Tengo hambre". Entonces comes. Y luego te dice: "Tengo sed".

Entonces te tomas algo. En ese momento te dice: "¡No me siento muy limpio!". Entonces te das una ducha. El cuerpo dice: "El agua está muy fría", y luego, "muy caliente". Y después añade: "Quedémonos aquí por cinco minutos más". Al salir de la ducha, te dice: "Estoy mojado". Entonces te secas y te dice: "Tengo frío y estoy desnudo", así que te vistes.

Con demasiada frecuencia hacemos exactamente lo que nuestro cuerpo nos dicta. El cuerpo dice: "Si vamos a sobrevivir este día, voy a necesitar un café negro, bien cargado". Entonces bajas a la cocina y te preparas un buen café negro. El cuerpo lo prueba y dice: ¡Qué delicia! Ahora sí estoy listo para enfrentar la vida".

Cuando llegas al trabajo, el cuerpo dice: "No me siento como para trabajar. Tal vez podemos ir a saludar a todo mundo". Entonces vas de un lado a otro poniéndote al día con los últimos acontecimientos políticos y los chismes de la oficina. Pasas por la sala de descanso. ¿Y qué encuentras ahí? Sí, cincuenta y seis variedades de donas. Y piensas: "Puede ser que me coma una de estas donas", y tu cuerpo dice: "No, no lo harás. Tendremos cuatro de estas donas". Entonces tomas todas las donas que te caben en la mano y te las llevas a tu escritorio. El cuerpo dice entonces: "Mientras comes esto, consígueme otro cafecito".

Te tomas el café y te comes las donas y antes de que te percates, ya es mediodía. El cuerpo grita: "¡Es hora de almorzar! Le explicas al cuerpo que no tienes hambre pues has pasado goloseando toda la mañana, pero el cuerpo te dice: "La verdad no me importa si tienes hambre o no. Es la hora del almuerzo. Vamos ahora mismo a almorzar".

Te vas a almorzar solo, o quizás con unos amigos y comes más de lo que debías haber comido, aun si no hubieras comido en un mes. Cuando regresas a tu escritorio, el cuerpo dice: "¡Estoy repleto! ¡Estoy repleto!" Te sientas en tu escritorio y en un instante de aturdimiento te pones a barajar papeles, y luego tu cuerpo dice: "Si vamos a hacer algo esta tarde, será mejor que la llevemos suave. "Tal vez nos podemos sentar en el escritorio a navegar en internet, pretendiendo así que estamos trabajando.

Y de pronto el cuerpo se le ocurre una idea: "Tráeme algo de picar y una tacita de café".

"Estás más que satisfecho, ¿para qué quieres seguir comiendo?" le preguntas audazmente a tu cuerpo.

El cuerpo responde: "Bueno, no puedo dormirme si estoy comiendo, ¿o sí?" Entonces vas y te sirves algo de comer y más café, y así pasas la tarde. Como a las tres, el cuerpo te vuelve a pedir tinta negra, pero esta vez en la modalidad fría . . . cualquier bebida de cola que encuentres.

Antes de que te des cuenta, es hora de irse a casa. El cuerpo te dice de nuevo: "Trae algunos bocadillos para el camino".

Tú discutes: "¡Pero en un rato vamos a cenar!"

El cuerpo insiste: "Podría ser que haya mucho tráfico y nos quedemos atascados en la vía. ¡Podríamos morir de hambre si no tenemos nada de comer!" Entonces vas y consigues algunos bocadillos para el camino y cuando llegas a casa todavía no es hora de cenar. Entonces te plantas de nuevo en el sillón reclinable en frente de la caja para tontos de 127 pulgadas con una bolsa de 300 onzas de papas tostadas, simplemente para relajarte un poco antes de la cena.

Y luego el cuerpo exclama: ¡Es hora de cenar! Por supuesto que no tienes hambre, pero hace doce horas te cansaste de discutir con tu cuerpo. Entonces arrastras los pies para ir a cenar y el cuerpo te dice: "Probaremos esto, y esto, y esto, y esto otro . . ." Comes más de lo que debiste haber comido aun si no fueras a comer nada hasta dentro de un mes. Después de un rato la pesadez empieza a aliviarse y el cuerpo dice: "Vamos de nuevo al sillón reclinable y relajémonos". Media hora después: "Me encantaría un poco más de café, pero mejor tomémoslo descafeinado dado que ya es tarde y pronto iremos a dormir. Y mientras lo preparas, dame un buen tazón de helados de chocolate.

Te sirves el café y el helado y tu cuerpo lo devora y te dice: "Vamos a acostarnos. Estoy exhausto". Te arrastras a tu cama y te despiertas al día siguiente para seguir la misma rutina desde el amanecer al anochecer.

Nuestro cuerpo tiene voz por una razón: para alertarnos de que tenemos hambre, sed, calor, frío o que nos enfrentamos a una situación de peligro. Pero cuando le damos gusto al cuerpo en todo, esta voz se convierte en la voz del capricho en lugar de la voz de la necesidad.

El cuerpo es como el dinero, un amo terrible pero un excelente servidor. Aquí en los Estados Unidos de América y ciertamente en Australia, mi tierra natal, nosotros nos consideramos libres. Pero nos estamos engañando. No somos libres. La mayoría de la gente no puede pasar ni un día sin tomarse una taza de café, y todavía pensamos que somos libres. Debemos despertarnos. No hay necesidad de que alguien cruce el océano, nos invada y nos esclavice. Nosotros nos hemos convertido en los esclavos de nosotros mismos. El gran dictador del siglo XXI no será como Stalin o Hitler. Las grandes amenazas no son externas. El gran dictador del siglo XXI es el cuerpo. Hacemos lo que nos dicte y en el preciso momento en que nos lo demande.

La habilidad que tiene la gente para controlar sus apetitos es cada vez menor, y esto plantea serias amenazas a nuestra salud y a nuestra felicidad como individuos y como sociedad.

De nuevo, la buena noticia es que, a medida que transcurre el tiempo, podemos desarrollar nuestra habilidad de controlar nuestros impulsos instintivos. Éstos no están predefinidos y pueden ser modificados. Podremos tener preferencias y hábitos establecidos, pero son modificables. El aprender a dirigir nuestros apetitos a voluntad es un poderoso elemento de la disciplina personal y del autocontrol.

El dominio de uno mismo es la única alternativa ante la esclavitud de uno mismo. No es necesario que estemos bajo rejas de hierro; las rejas invisibles de nuestra propia prisión pueden tener el poder de afectarnos mucho más, a menos que podamos moldear y dirigir nuestros apetitos.

En mis visitas a prisiones en diferentes partes del mundo durante la última década, he conocido hombres y mujeres que tienen más dominio de sí y libertad personal que la mayoría de la gente que camina libremente por las calles.

EL PODER DEL IMPULSO

Del temperamento y del apetito, ahora nos movemos al tercer aspecto de la disciplina: el control de nuestros impulsos. Los impulsos pueden relacionarse a muchos aspectos de nuestro diario vivir; sin embargo, para variar, enfoquémonos ahora en las finanzas personales.

Tengo una amiga a la que, en aras de mantener el anonimato, le llamaremos Julia. Tiene veintiocho años, es soltera y talentosa. Tiene un buen puesto y trabaja duro, por lo general disfruta de lo que hace y gana lo suficiente como para tener un razonable nivel de vida. Y aunque su salario no es una fortuna, hay ciertamente muchísimas familias que viven con un ingreso similar al que ella tiene. Algunos de sus amigos ganan más que ella y otros menos.

El problema de Julia es que le fascina comprar, y cada semana recibe por correo una oferta de una nueva tarjeta de crédito. Le encanta comprar en las tiendas, por internet y por catálogo. Algunos de sus amigos le dicen que tiene un problema de autoestima que la hace comprar tanto. Otros le dicen que es normal comprar al nivel que ella lo hace.

Una vez al año ella se sienta con su asesor financiero y cada año tienen la misma conversación: "Tienes que comenzar a ahorrar, aunque sea un poquito cada mes; realmente se acumula con los años". Entonces cada año establecen un presupuesto para Julia, tomando en cuenta su aumento salarial anual, pero por alguna razón Julia no puede ahorrar ni un centavo. Ella no tiene deudas—bueno, casi no. Sólo un poco en esta tarjeta y otro poco en la otra. Pero tampoco tiene ahorros ni ningún otro activo.

Como a mitad del año, cuando anda sobregirada por no haberse ajustado a su presupuesto y se siente avergonzada de reunirse con su asesor financiero, me busca. Julia me dice que no quiere tener una fortuna, simplemente vivir cómodamente. Entonces exploramos varios escenarios fundamentales: "¿Qué pasaría si perdieras tu trabajo mañana y te tomara tres meses para encontrar uno nuevo? ¿Vivirías cómodamente?" Me mira con asombro, pero también reconoce que lo que le estoy proponiendo no es descabellado y que ni siquiera hemos comenzado a considerar otras opciones aún más serias.

Luego hablamos de que los zapatos y la ropa no son inversiones ni activos. Le explico que un buen activo o una inversión es algo que genera un flujo de efectivo. Los zapatos no generan ningún ingreso.

"Pero cuando me compro unos buenos zapatos, siempre me digo a mí misma que son una buena inversión porque si me compro unos baratos no durarían nada y tendría que comprar más", me explica ella. Le contesto entonces que tal vez sean una buena compra, pero hay una diferencia entre una buena compra y una inversión. Luego procedo a explicar que aun las buenas compras deben hacerse dentro de los límites de un presupuesto, y que hasta cierto punto ahorrar es una mejor alternativa que cualquier compra, por buena que parezca.

En un momento dado de nuestra conversación, Julia comienza a quejarse de los aspectos que le disgustan de su trabajo o a decir que no quiere hacer lo que está haciendo por toda la vida o a explicar cómo su jefe la pone con los nervios de punta y que un día le encantaría emprender su propio negocio. Todo esto es un intento subconsciente de escaparse de la no tan agradable realidad que enfrenta en el momento presente y soñar con un futuro más abundante y promisorio. Pero de forma directa, retoma el tema de las finanzas personales, haciéndome la siguiente pregunta: "¿Crees que pueda pedir un préstamo para iniciar mi propio negocio?"

"Ya tienes tu propio negocio", le dije. "¿Qué me quieres decir?", me pregunta.

Le explico que ya posee el cien por ciento de las acciones de una corporación llamada Julia Miles, S. A. El año pasado, Julia Miles, Inc. gastó más de lo que generó. El año anterior, lo mismo. Y al mirar atrás, año tras año, lo mismo. Cada año su empresa pierde dinero, gastando más de lo que gana. Puede ser que sea tan sólo un poco aquí y allá en tarjetas que tienen saldos pendientes, pero, a fin de cuentas, cada año está operando con pérdidas. La empresa Julia Miles, Inc. no ha operado con ganancias ni un solo año desde que ella salió de la universidad. Financieramente, no tiene nada que mostrar producto de los seis años que ha trabajado.

"¡Sé que tengo que empezar a ahorrar!, dice ella, un tanto exasperada. "¿Por qué no puedes ahorrar?", le pregunto.

"Simplemente veo cosas que me gustan y tengo que tenerlas". Julia no controla su impulso a comprar. Todos tenemos impulsos y para algunos el impulso de gastar dinero es tan fuerte como la compulsión por una droga. Otra gente tiene poderosos impulsos a apostar, a tomar alcohol, a tener sexo y ver pornografía, a buscar peligro y aventura, y todos esos arrebatos pueden ser masivamente autodestructivos. Pero los impulsos, temperamentos y apetitos, pueden ser controlados y dirigidos para nuestro bien y para el bien de los demás. "Más vale ser paciente que valiente, más vale dominarse que conquistar ciudades" (Proverbios 16:32).

El verdadero peligro es que los impulsos y los apetitos pueden colaborar juntos y transformarse rápidamente en compulsiones y adicciones. Con nuestros temperamentos, apetitos e impulsos a rienda suelta hoy en día vivimos en una comunidad global de adictos. La mayoría de nosotros nos decimos que no tenemos ninguna adicción seria, realmente importante. Para nosotros tal vez sea "sólo" cigarrillos, chocolates, sodas dietéticas o café. De vez en cuando nos preguntamos si somos adictos a esas cosas, pero casi siempre hallamos mil excusas—y cuando no, siempre hay un "amigo" para darnos una palmadita en la espalda y decirnos que le damos demasiada vuelta a las cosas.

El gran monje y místico español, San Juan de la Cruz, escribió: "No importa si un pájaro está atado a la tierra por medio de un hilo o de una cadena, aún no puede volar". ¿Qué te ata? ¿Qué en tu vida te está impidiendo volar?

UN CAMINO HACIA EL DOMINIO PROPIO

Tengo absoluta certeza de muy pocas cosas y con el pasar de los años esta lista se acorta. Pero una de las cosas de las cuales estoy totalmente convencido es que nuestro nivel de disciplina y de autocontrol tiene un impacto significativo en el grado de felicidad que experimentamos en esta vida. El dominio propio y la felicidad están íntimamente conectados.

Mucha gente ha escrito sobre técnicas para ganar dominio propio, y a través de este capítulo me he referido brevemente a algunas de ellas. Los autores y conferencistas tienden a enfocarse en técnicas vinculadas a sus áreas de especialización profesional. No obstante, ¿existe alguna manera de robustecer el autocontrol para que tenga un fuerte impacto positivo en todas las áreas de nuestra vida?

Quiero enfocarme en una técnica antigua que potencia este principio universal del domino propio, el cual es en buena parte ignorado en el esquema moderno. Esta técnica ha sido pasada por alto y en general no ha sido bien acogida, primero porque se enseña con facilidad y no puede ser comercializada como parte de un paquete, y en segundo lugar porque con frecuencia huimos de lo que más necesitamos, y preferimos programas que parecen más fáciles y entretenidos. Pero esta antigua técnica nos conduce directamente al meollo de nuestra lucha para recobrar el dominio sobre nosotros mismos.

Una gran parte de nuestra lucha con la disciplina y el autocontrol tiene sus raíces en nuestros apetitos e impulsos, y de muchas maneras, nuestros temperamentos indisciplinados son consecuencia de nuestra incapacidad de controlar y dominar nuestros apetitos e impulsos. Todo esto es producto de que nos obsesionamos con el cuerpo, de poner el placer en el centro de nuestro sistema de valores y de nuestra tendencia a pasar por alto la importancia del carácter en nuestra búsqueda de felicidad. Como resultado, tendemos a identificarnos excesivamente con las experiencias físicas.

Una de las grandes prácticas que se han fomentado por miles de años en muchas tradiciones espirituales es el ayuno.

No estoy sugiriendo que ayunemos de forma absoluta. De hecho, ni siquiera sugiero el ayuno estricto a pan y agua que encontramos en muchas tradiciones. Por lo que estoy abogando es por denegarnos pequeñas cosas para que podamos recobrar el dominio propio, que nos hace libres, y tomar control, una vez más, de nuestro temperamento, apetitos e impulsos.

Para un monje budista, el ayuno es un elemento de la búsqueda de iluminación. Por miles de años los judíos han practicado el ayuno para la expiación de sus pecados contra Dios y contra el prójimo. También entre los cristianos el ayuno se ha venido practicando desde hace mucho tiempo para la expiación de los pecados. Los cristianos creen que a través del ayuno empiezan a revertir la manera en que sus comportamientos destructivos han debilitado su habilidad de escoger lo que es bueno, verdadero y justo. Hay cientos de ejemplos que ilustran como el ayuno ha sido usado a través de la historia. En los tiempos modernos, el ayuno ha sido frecuentemente utilizado como un instrumento político-espiritual, nunca tan poderoso como cuando Gandhi ayunó para acercar a las facciones beligerantes en su sueño por una India unida e independiente. Y con una atención creciente en la salud y el bienestar, numerosos programas de desintoxicación también incluyen el ayuno como parte de su régimen.

El ayuno ha sido utilizado para liberar a hombres y a mujeres del pecado y la opresión y de apetitos, impulsos e impredecibles temperamentos. En esta disertación nos interesa referirnos a cómo esta antigua práctica espiritual nos podría ser útil en nuestra búsqueda de incrementar el autocontrol y de alcanzar la liberación de aquellos hábitos de la mente y el cuerpo que nos impiden ser nosotros mismos de una forma plena.

Jesús ayunó por cuarenta días en el desierto al inicio de su ministerio. Fue tentado por el diablo y ejemplificó control de sí mismo. Él personalmente nos demostró el camino del dominio propio y de la liberación.

No nos equivoquemos, el estado más noble de la humanidad es la libertad—no la libertad de oponerse a las ideas y pensamientos religiosos o políticos, sino la libertad de hacer lo que es bueno y justo en las muchas y diversas situaciones que enfrentamos en el curso de nuestro diario vivir. Nuestros corazones nunca cesan de anhelar esta libertad. Una mujer que se está muriendo de cáncer pulmonar y aún no puede resistirse a un cigarrillo no es libre. Un hombre que sufre de diabetes y no puede dejar de comerse un caramelo, no es libre. Una persona que recurrentemente ha estado en tratamientos para el abuso o la dependencia del alcohol, pero no puede dejar de beber, no es libre. Estos son casos extremos para ilustrar el punto, pero la mayoría de nosotros somos sujetos de expresiones más sutiles de este tipo de esclavitud. Tal vez estás tratando de bajar de peso, pero no puedes dejar de comer entre comidas aún en momentos en que no tienes hambre. Tal vez no necesitas nada, pero no puedes dejar de comprar.

Recuerda que ya sea que un ave esté atada a la tierra por un hilo o por una cadena, aún no puede volar. ¿Qué tiene control sobre tu vida? ¿De qué necesitas ser liberado?

Entonces ¿qué quiero decir con ayunar, y cómo esto puede ayudarnos?

No estoy sugiriendo un ayuno de pan y agua por cuarenta días como lo hicieron anualmente muchos místicos en la antigüedad; sin embargo, permíteme brindar un par de ejemplos sencillos de las aplicaciones modernas que tiene la disciplina del ayuno.

Es sábado por la tarde, estás en casa y de un momento a otro tu cuerpo te dice: "Tengo sed". Te diriges entonces al refrigerador. De camino, tu cuerpo comienza a lanzar sus demandas: "¿Qué tal una soda? ¡Quiero una soda! ¡Consígueme una soda! Abres el refrigerador y las sugerencias, peticiones y demandas se intensifican: "¡Quiero una soda! ¿Queda alguna soda aquí? ¡Fíjate bien! ¡Debe haber alguna soda aquí! Mira en la parte de atrás. ¡Sí, veo una soda! ¡Tómala! ¡Date prisa! ¡Tengo sed! Quiero soda. ¡Tómala! ¡Soda! ¡Soda! ¡Soda! ¡Soda! ¡Soda!" Así es como nuestro cuerpo nos habla. Insiste. Exige.

Todo lo que necesitas hacer es decirle a tu cuerpo: "¡Hoy no vamos a tomar ninguna soda! Puedes tomar un jugo de arándanos o un vaso de agua, pero soda no. En esa simple acción de la mente y el espíritu, haces valer el dominio que ejerces sobre tu cuerpo. Al tomar jugo de arándanos o agua cuando tu cuerpo realmente tiene antojo de soda, te liberas a pequeña escala de la esclavitud de tu cuerpo. No te vas a morir por eso y sólo tú lo sabrás, pero habrás tomado una decisión hacia una mejor versión de ti mismo, y experimentarás esa liberación.

Vas de compras la próxima semana y ves algo que realmente te gusta. Lo levantas y lo miras. Te lo pruebas o bien te imaginas en qué sitio de tu casa lo lucirías. Tus impulsos se emocionan, y empiezan a salmodiar: "¡Cómpralo! ¡Cómpralo! ¡Cómpralo!" Te diriges a la caja registradora y luego te detienes por un instante. Este es el momento entre evento y respuesta. En el pasado, lo viste y lo compraste, pero ahora te preguntas: ¿Realmente necesito esto? Sabes que no, y ese momento de consciencia y de reflexión te esclarece el panorama. Lo pones de nuevo en el anaquel y te alejas. Mientras caminas, te sientes libre como un ave. Es tan liberador que lo sientes a nivel físico.

El ayuno no implica comida necesariamente. Puedes ayunar de hacer compras, puedes ayunar de criticarte a ti mismo y a los otros, puedes ayunar de quejarte, puedes ayunar de postergar lo importante en tu vida. Puedes ayunar de cualquier cosa que te cause convertirte en esclavo de tu temperamento, apetitos o impulsos. Sin embargo, ayunar en relación a la comida es particularmente impactante al vivir en una era en que estamos tan enfocados en lo que comemos y en lo que bebemos.

Siempre que me siento a comer, trato de negarme algo. Tal vez estoy en un restaurante, y mientras leo el menú se me hace la boca agua pensando en un *filet mignon*, pero en lugar de eso, pido pollo. No me voy a morir. Es sólo comida, el combustible del cuerpo, pero a veces se nos olvida y le damos a todo demasiada importancia. O quizás tengo ganas de tomar jugo de arándanos, pero en lugar de eso tomo agua. Son estos actos pequeños, sencillos y que pasan desapercibidos los que nos recuerdan que el cuerpo es un siervo y no el amo. No hago estas cosas para ser cruel conmigo mismo o para castigarme. Las hago porque quiero ser libre. Quiero tener control sobre mí mismo. Quiero tener la capacidad de controlar mi temperamento, mis apetitos, y mis impulsos. Todos estos pequeñísimos actos de abnegación extienden el lapso entre el evento y la respuesta. Es otra forma de tener las riendas y de no perder los estribos.

Es de esta y de muchas otras maneras que la antigua práctica espiritual del ayuno tiene una enorme relevancia en nuestra vida moderna. Los beneficios van desde mejorar nuestro temperamento hasta crear relaciones dinámicas y duraderas. Este último tema siempre parece desencadenar una curiosidad natural en mis audiencias. ¿Cómo el ayuno nos ayuda a crear relaciones dinámicas y duraderas?

Dos personas que no pierden los estribos fácilmente siempre van a tener una mejor relación que dos personas que sí lo hacen. Dos personas que tienen la capacidad de controlar y de dirigir su temperamento siempre van a tener una mejor relación que aquellas que tienen temperamentos desbocados. Dos personas que pueden controlar sus apetitos van siempre a gozar de una mejor relación que aquellos que se dan gusto en todo. Y dos personas que son capaces de dominar sus impulsos siempre van a tener una mejor relación que aquellos que son esclavos de los mismos.

Pero el punto más convincente para una vida de disciplina, carácter, virtud, integridad y autocontrol es éste: En la misma medida que tengas estos atributos, medida serás capaz de amar y de ser amado, pues el amor es como poner tu propio ser en tus manos y dárselo a otra persona. Pero para darte de esta forma, primero tienes que poseerte.

La mayoría de las personas en las relaciones hacen promesas que no pueden mantener. Prometen entregarse a la otra persona de formas que simplemente no son capaces, dado que no se poseen a sí mismos. No tienen dominio propio y por tanto no son libres. Para amar, primero hay que ser libre. Sólo en la medida en que podamos apartarnos de la esclavitud del temperamento, de los apetitos y de los impulsos que nos acosan, es que podremos amar y ser amados. Es precisamente por eso que hay tanta carencia de amor y de relaciones dinámicas en nuestra cultura, porque para aquellos adictos a la satisfacción inmediata, una relación duradera es un sueño imposible.

Me gustan las cosas lindas, la comida estupenda y vivir de una forma espontánea tanto como a la persona que tengo al lado. No propongo que dejemos de lado todos los maravillosos placeres de este mundo, sólo que templemos la actitud con que nos acercamos a ellos, para así poder disfrutarlos más íntegra e equilibradamente. Es tiempo de que busquemos ser liberados de los tiranos que habitan en nuestro ser y que nos atan arriba y abajo, y que nos impiden volar y llegar a ser plenamente nosotros mismos.

La sexta lección:

SÉ DISCIPLINADO

La disciplina nos hace libres. No nos reprime, nos libera. La disciplina es la contracción que produce una expansión.

SÉ DISCIPLINADO

*Pondré en práctica la sexta lección para descubrir
el sueño de Dios en mi vida, a través de los siguientes pasos:*

1. Celebraré mi habilidad de controlar mi temperamento conscientemente, expandiendo el momento que existe entre un evento y mi reacción a él. Cuando las cosas no vayan como me gustaría, haré una pausa antes de reaccionar, respiraré profundamente, recordaré que, en el gran esquema de la historia de la humanidad, este es simplemente un instante, y si fuera necesario, me retiraré de la situación para poner las cosas en perspectiva. Si la situación realmente requiere que muestre mi descontento, lo haré intencionalmente y de una forma controlada. Me convertiré en el amo de mi propio temperamento.

2. Empezaré a controlar y a dirigir mis apetitos. No me permitiré reducirme a un mero animal dirigido exclusivamente por instintos y respuestas condicionadas. Celebraré mi habilidad de elegir a cuál estímulo responderé y cuál ignoraré. Encauzaré mis apetitos hacia aquello que me hace bien y que genuinamente me ayuda a llegar a ser la mejor persona que puedo ser. Evitaré poner algo tóxico o venenoso en mi cuerpo. A partir de este día, respetaré mi cuerpo como un gran templo. Me convertiré en el amo de mis apetitos.

3. Controlaré mis impulsos. Al reconocer que mis impulsos no siempre me llevan a convertirme en una mejor versión de mí mismo, desarrollaré una sana desconfianza hacia ellos y comenzaré a someterlos a la razón. Ya sea que mi impulso sea comprar, comer, postergar o aceptar la invitación a un

determinado evento, pausaré antes de actuar impulsivamente. Me convertiré en el amo de mis impulsos.

4. Reconoceré que me es imposible ser yo mismo de forma plena a menos que sea libre. Acogeré la antigua práctica espiritual del ayuno, no para castigarme, sino para liberarme. Comenzaré a denegarme algunas cosas a lo largo del día, ayunando de cierto tipo de comidas, ciertas actividades y ciertos comportamientos. De esta forma y a medida que pasa el tiempo, lograré tener un completo dominio sobre mi propia persona. Unos días me abstendré de chocolate, soda, café o carne. Otros habladurías, crítica o pereza. Acogeré el poder del ayuno y de la abnegación para liberarme de la esclavitud de que soy objeto ante mi temperamento, mis apetitos y mis impulsos. De esta forma llegaré a ser libre para ser auténticamente yo mismo.

5. De vez en cuando, me permitiré complacerme en lo que me sugieren mis apetitos y mis impulsos, siempre y cuando eso no ponga en riesgo lo que creo y no me ocasione daño alguno a mí o a otros. En estas instancias, ejercitaré mi habilidad de dirigir mis apetitos e impulsos, cediendo a lo que incitan en lugar de rechazarlo. En cada caso, lo haré de tal forma que no comprometa el dominio sobre mi propia persona. A medida que transcurre el tiempo, aprenderé a ver la indulgencia y la abnegación como actos que fortalecen mi disciplina, la cual engendra una felicidad duradera.

Siete

Alivia tu carga

A veces me gusta remontarme a mi niñez y volver a leer los libros que leí entonces. A menudo tengo recuerdos muy claros de cómo esos libros me conmovieron cuando los leí la primera vez y nunca deja de sorprenderme que esos recuerdos son prácticamente irrelevantes al tema central que plantean estos libros. Hace unas semanas tomé el libro *La telaraña de Charlotte*, del escritor estadounidense, Elwyn Brooks. El mensaje que me impactó es una realidad evidente que tendemos a pasar por alto en nuestro diario vivir y que el autor resume en tan solo una frase: "Una simple cosa que lleva a otra, y ésta a otra cosa, y así sucesivamente puede complicar todo infinitamente".

El desorden, la confusión y la aglomeración han llegado a ser normalmente aceptados como parte de la vida diaria, pero no tiene que ser así. Hemos elegido y creado el desorden y la aglomeración. Y aunque en un primer momento parezca difícil aceptarlo, al crear desorden y confusión hemos generado confusión en nuestros corazones, en nuestras mentes y en nuestras vidas. Es una verdad difícil de digerir, pero es liberadora. Toda verdad lo es, supongo. Pero una vez que nos demos cuenta que hemos escogido y creado el desorden, la aglomeración y la confusión en nuestras vidas, quedamos libres para elegir lo contrario. El admitir que hemos contribuido a una determinada situación, nos libera de una posición de víctimas y nos faculta para asumir un papel activo en el cambio.

No somos víctimas de todo este desorden, aglomeración y confusión. Lo hemos elegido y ahora es el momento de optar por algo distinto. Es la hora de crear algo nuevo.

"Andas inquieto y preocupado por muchas cosas", observó Jesús; "cuando en realidad una sola es necesaria", aconsejó (Lucas 10:41–42).

Escucha mientras susurro a tu oído tres de las palabras de mayor peso en la historia de la humanidad. Los grandes artistas y científicos reconocieron el poder de estas palabras. Permite que estas tres palabras permeen cada rincón de tu ser y cada aspecto de tu vida, y vivirás una vida de tanta autenticidad como casi nunca se ha visto.

Simplifica. Simplifica más. Y luego sigue simplificando.

A través de sus enseñanzas en el Evangelio, Jesús nos hace constantemente una invitación a la simplicidad. ¿En cuáles áreas de tu vida hay desorden, confusión y congestión?

La simplicidad es el camino hacia la claridad.

Algunas personas argumentan que trabajan mejor en medio del caos y de la confusión o que en un ambiente desordenado se sienten más a gusto, como en casa. No dudo que así sea para algunos; sin embargo, en la mayoría de los casos me doy cuenta de que no es que probaron la vía alternativa de la organización y de la simplicidad y la encontraron deficiente, sino que más bien ni siquiera lo intentaron.

Dale una oportunidad en tu vida al camino de la simplicidad.

¿POR QUÉ COMPLICAMOS LAS COSAS?

Añoramos la simplicidad, pero nuestras vidas habitualmente se nos salen de control, se saturan y nos abruman. Usualmente somos los únicos responsables de que nuestras vidas sean tan complicadas. De hecho, de muchas formas parece que nos atrae lo complicado. Complicamos nuestras vidas por cuatro razones principales: No sabemos lo que en realidad queremos, no tenemos un sentido claro respecto al propósito de nuestra vida, sentimos temor de perdernos de algo y queremos distraernos de los verdaderos retos de la vida interior.

¿Sabes lo que quieres? Pienso que la mayoría de la gente no lo sabe. Eso sí, saben lo que no quieren. Si le preguntas a una persona soltera: "¿Qué buscas en una pareja?" con frecuencia responden: "Bueno, no quiero a alguien inseguro o que no sea espontáneo". Si le preguntas a alguien qué busca en un trabajo, a menudo te dice: "¡Ay, sólo necesito salir de este lugar! Haré lo que sea, simplemente ya no puedo seguir haciendo esto más". Comúnmente contestamos las preguntas que nos hacen en sentido negativo. El tener claro qué es lo que queremos es un elemento crítico para poder simplificar nuestra vida. La gente que sabe qué es lo que quiere contesta en afirmativo: "Quiero estar con alguien que tenga un fuerte sentido de su propio ser, que no trate de ser alguien que no es y que disfrute de la espontaneidad" o bien "Busco una posición en mercadeo en donde mi creatividad sea valorada por un equipo de trabajo con el cual disfruto trabajar".

Nos complicamos la vida al no saber lo que queremos. ¿Tienes un sentido claro de cuál es tu propósito, tus valores fundamentales y tus factores críticos de éxito? En el mundo corporativo, esto es tema de todos los días. Muchas veces la misión, los valores medulares y las estrategias de una compañía son producto de la elucubración de algunos de sus altos ejecutivos, pero la realidad que se vive a diario no está fundamentada en estos planteamientos. Es vital tener muy claro cuáles son nuestros valores clave y nuestros factores críticos de éxito, si queremos que una organización dirija sus esfuerzos hacia el logro del propósito global para el cual fue creada, que en términos generales es llegar a ser la mejor compañía posible.

Creo que lo mismo puede aplicarse a nuestra vida personal. Por ejemplo, tu propósito es llegar a ser la mejor versión de ti mismo, conforme al plan para el cual Dios te creó. Este propósito nos muestra la meta, el sueño, la perspectiva total. Puede ser que uno de nuestros valores fundamentales sea la honestidad. Si ese es el caso, no importa lo que suceda, quieres que esa característica te describa siempre. Es un valor medular y los valores medulares no cambian. Luego tenemos los factores críticos de éxito. Si ser un buen padre es uno de tus objetivos estratégicos, entonces uno de tus factores críticos de éxito probablemente sea pasar mucho tiempo con tus hijos. Si uno de los objetivos estratégicos que te has planteado es ponerte en forma, entonces uno de los factores críticos de éxito en esta área podría ser ejercitarte con regularidad y consumir alimentos que provean energía y nutrición a tu organismo de una forma más eficiente. Los factores críticos de éxito cambian de vez en cuando, respondiendo a un cambio en los objetivos estratégicos. Permíteme darte un ejemplo del mundo corporativo.

Me encanta la historia de Southwest Airlines, una de las aerolíneas estadounidenses. Pregúntate qué aspectos corresponden a su realidad. Tienen bajas tarifas, tienen un estilo informal y relajado, sólo usan un tipo de aeronave, poseen el mejor récord de puntualidad, no usan tanto el sistema de un aeropuerto como centro de interconexión o escala sino que proveen un servicio de punto a punto, no tienen asignación de asientos ni abordaje preferencial, tienen la tasa más alta de reservas en línea del sector industrial, no usan agentes de viajes, tienen un alto nivel de satisfacción del cliente, no ofrecen primera clase . . . y así por el estilo. Ahora pregúntate cuáles son sus tres factores críticos de éxito. Estos son los aspectos que una compañía estima como esenciales para su éxito, elementos que quiere sean siempre parte de su verdadera identidad. El hecho de que la compañía use siempre un solo tipo de avión desempeña un papel importante en su éxito porque le permite a Southwest comprar los repuestos en grandes cantidades, haciendo más eficientes las labores de mantenimiento y reparación. Adicionalmente esto le permite a Southwest cambiar de tripulación de una aeronave a otra con máxima eficiencia. Pero este no es uno de sus factores críticos de éxito. Las tres características con las que quiere identificarse siempre son tarifas bajas, puntualidad y satisfacción del cliente. Estos son sus factores críticos de éxito.

Un cliente le preguntó a un agente de la puerta de embarque por qué la aerolínea no disponía de asientos en las filas de abordaje para poder así sentarse mientras los pasajeros esperaban. El agente contestó: "Los asientos cuestan dinero, y entonces nosotros tendríamos que subir las tarifas, y estamos comprometidos con las tarifas aéreas de bajo costo". El agente tenía claro cuáles eran los factores críticos de éxito de Southwest, lo que le facilitó responder apropiadamente. Si no lo hubiera tenido claro, quizás habría pasado horas, días o inclusive semanas pensando en cómo hacer para que la compañía instalara asientos en esa zona, llevando la solicitud al gerente a cargo de su área. Luego si el gerente no tenía claro cuáles eran los factores críticos de éxito, habría invertido tiempo considerándolo y presentando el caso a su supervisor. El propósito nos da claridad respecto a la dirección en que nos deberíamos mover. Los valores centrales nos dan claridad respecto a cómo proceder mientras nos movemos en esa dirección. Los factores críticos de éxito nos dan claridad respecto a lo que deberíamos hacer para movernos en esa dirección.

Recientemente le ofrecieron a Southwest nuevas rutas a San Francisco, pero la aerolínea rechazó dicha propuesta. La gente dijo que la compañía estaba loca y la criticaron diciendo que esas rutas podrían haberle generado a la aerolínea una cantidad importante de ingresos. ¿Entonces por qué la compañía las denegó? Con frecuencia en San Francisco hay neblina. Es algo que nadie puede controlar. El llegar y salir a tiempo es uno de los factores críticos de éxito de la aerolínea, así que rechazaron las rutas. El saber quién eres y qué haces esclarece la toma de decisiones, especialmente cuando se presentan nuevas oportunidades.

El director general de Southwest recibió recientemente una carta de un pasajero que se quejaba de que los asistentes de vuelo estaban haciendo bromas durante los anuncios de seguridad. El pasajero pensó que se les había ido la mano en su estilo relajado de hacer las cosas. La mayoría de las compañías responderían por escrito disculpándose y adjuntando un vale de descuento o cupones de productos, pero en este caso el director escribió: "Lo echaremos de menos".

El servicio al cliente es uno de los pilares estratégicos de Southwest, pero el cliente no tiene la potestad de decidir aquellos aspectos que caracterizan a la empresa. Es Southwest el que decide eso, y busca satisfacer a los clientes que quieren lo que ellos ofrecen. Si quieres volar en primera clase, Southwest no es tu aerolínea. La gente de Southwest sabe cuál es su identidad, y eso aporta gran claridad a cada aspecto de su operación de día a día.

Los líderes, los visionarios y los genios generalmente poseen un sentido muy claro del propósito que tienen en mente, el cual les sirve de faro para dirigir su actuar. Ellos no permiten que sus temperamentos, sus apetitos o sus impulsos los desvíen de su curso o que se constituyan en el timón que dirija los asuntos del día a día. Por el contrario, permiten que ese profundo sentido de propósito y su convicción sean los que inspiren su pasión y guíen sus acciones. Ellos saben cuáles son los factores que probablemente garantizarán el éxito, y se enfocan en ellos.

Recuerdo la primera vez que escuché la historia cuando Jesús había ido a una villa y se había puesto a sanar a todo quien estuviera enfermo o estuviera con alguna dolencia. A la mañana siguiente, se despertó antes del amanecer y se retiró a un lugar tranquilo para orar y recobrar fuerzas. Luego Pedro llegó corriendo y le dijo: Todos en la villa te andan buscando. De estar en su lugar, la mayoría de las personas se habrían apresurado a bajar a la plaza, dispuestas a recibir una lluvia de elogios y regalos y disfrutar así de toda esa gloria. La mayor parte de la gente estaría dando apretones de manos, dándoles besos a los bebés y firmando autógrafos. Pero Jesús no. Tenía un sentido muy claro de quien era y de la misión que se le había encomendado. Entonces le dijo a Pedro y a los otros: "Vayamos a otras villas, para poder hablar allí también. Es para eso que he venido". En efecto, esta es una declaración que evidencia un gran sentido de propósito y una clara perspectiva.

¿No es tiempo ya de que tengas claro quién eres y cuáles son los pilares estratégicos en tu vida? Recuerda que un pilar estratégico es aquel aspecto que consideras crítico en el logro de tus objetivos, algo que quieres que te caracterice siempre. No quieres hacer una lista de diez aspectos. Probablemente necesitas identificar dos o tres, no más. En conjunto, estos dos o tres puntos clave deberían equiparte para atravesar cualquier situación que tengas por delante. Por ejemplo, si escoges la honestidad como uno de tus pilares, instantáneamente ésta brindará claridad a tu curso de acción en la gran mayoría de las situaciones.

Ten claro quién eres y quién no eres, qué haces y qué no haces. Cuanto antes lo esclarezcas, con mayor prontitud se simplificará tu vida y florecerá, ya que la sencillez trae consigo gran claridad. Complicamos nuestras vidas porque no tenemos claro cuáles son nuestros valores esenciales y los elementos que sirven de pilar a nuestra estrategia de vida.

Otra razón por la cual complicamos nuestras vidas es que tememos que nos vamos a perder de algo. Con frecuencia nos complicamos la vida porque saturamos nuestras agendas al decirle que sí a todo y a todos. Este es otro de los síntomas que nos indican que no sabemos qué es lo que queremos ni cuáles son nuestros valores esenciales o el propósito de nuestra vida.

Cuando estaba en la universidad, tenía un compañero de cuarto que no podía resistirse ante ninguna oportunidad que se le presentara. Pablo era un muchacho maravilloso, era atento y considerado, y tenía un gran sentido de humor, pero no podía decirle no a nada. Constantemente se tenía que dividir entre un sinfín de cosas y consecuentemente la mayor parte del tiempo andaba estresado y agobiado. Un día le pregunté por qué se metía en tantas cosas. En un momento de mucha honestidad, me dijo que temía perderse de algo. A través de los años, he conocido a muchas personas como Pablo. Algunos actúan de esta forma cuando se trata de relaciones, otros ante oportunidades a nivel profesional, otros actúan de esta forma en el ámbito social, y otros, como Pablo, no pueden resistirse ante ninguna oportunidad que se les presente. Al discernir qué es lo que deseamos profundamente, y cuáles son los valores y el propósito de nuestra vida, obtenemos gran claridad para saber cuándo decir que no y cuando decir que sí.

Al decirle que sí a todo, es altamente probable que te estás perdiendo de esa única cosa o de esa única persona que han sido designadas sólo para ti. ¿Cuántos de nosotros conocemos personas que están saliendo con alguien, simplemente porque quieren tener a quien sea a su lado? Saben que esa persona no es para ellos, pero no quieren estar solos. Existe la posibilidad de que mientras están con esta persona, dejan pasar docenas de oportunidades de conocer a la pareja indicada. Cuando sabes lo que buscas, te das cuenta que salir con la persona que no es para ti representa para ambos un desperdicio de tiempo y de energía emocional.

Cuando le dices que sí a algo, automáticamente le dices que no a todas las otras opciones, aunque sea sólo durante ese momento, ese día o esa semana. Esa es en parte la razón por la cual no buscamos respuestas claras respecto a quiénes somos y qué queremos, ya que preferimos mantener abiertas todas las opciones. Pero las opciones nos empañan el panorama. Las opciones nos complican las cosas. Nos complicamos la vida porque tememos que nos vamos a perder de algo.

Otra razón por la que complicamos nuestra existencia con todo ese caos, confusión y congestión es que no queremos enfrentar la gran interrogante de por qué estamos aquí. Es una pregunta difícil, y definitivamente no es una a la que podamos responder en una tarde rodeados de amigos de confianza. Tampoco nuestros padres, nuestros profesores o consejeros pueden contestar esta pregunta por nosotros. Toma tiempo y una variedad de experiencias y requiere también que escuchemos vigilantemente nuestra voz interior. Es esa la voz de nuestra consciencia la que nos dice quiénes somos verdaderamente ante los ojos de Dios. A veces no queremos la voz gentil que habla en nuestro interior y entonces la ahogamos con una miríada de placeres y pasatiempos. En el proceso, frecuentemente nos dejamos llevar por nuestro temperamento, nuestros apetitos y nuestros impulsos, y como producto de eso, nos alejamos paulatinamente de la felicidad duradera a la que aspiramos y quedamos cada vez menos y menos capacitados para alcanzarla.

Complicamos nuestra existencia para esquivar los verdaderos retos de nuestra vida interior. Necesitamos sacar el tiempo para esclarecer todas estas cosas—propósito, identidad, deseos, valores—de tal forma que podamos discernir lo que importa más en nuestro diario vivir. La claridad y la sencillez son tus mejores amigos. La vida se simplifica cuando comienzas a desarrollar el sentido de quién eres, qué quieres, cuáles son tus valores y qué papel estás llamado a desempeñar en esta aventura maravillosa, que llamamos vida.

LA TOMA DE DECISIONES

¿Cómo lograrás adquirir esta claridad? Simplificando tu vida, deshaciéndote de lo que no es necesario, de todo lo que crea desorden, confusión, caos y aglomeración. La simplicidad será la fuente de donde emanará todo lo que eres y todo lo que verdaderamente deseas por las razones correctas.

La vida es una serie de alternativas. Para elegir bien, debes tener claro, en primer lugar, por qué estás tomando una u otra decisión. Esta claridad no puede adquirirse en medio del ruido y de un mundo que permanece ocupado. La claridad no puede lograrse en medio del caos personal, no importa si te lo has impuesto tú mismo o no. Deja que la sencillez dirija tu vida, y permítele al silencio y a la soledad ocupar el lugar apropiado en el curso de las actividades que emprendes a diario. De esa forma, vislumbrarás la mejor versión de ti mismo. Esta visión te servirá de guía e inspirará tus decisiones y tus actos.

Gran parte de nuestra inquietud y de nuestra infelicidad proviene de no saber qué hacer en ciertas situaciones o cómo tomar una decisión respecto a una circunstancia en particular o qué elegir cuando se presentan ciertas oportunidades. La claridad es el gran regalo que nos trae la simplicidad, y la claridad en la toma de decisiones es algo a lo que todos deberíamos aspirar.

¿Tienes alguna pregunta a la que necesitas darle respuesta? ¿Necesitas elegir entre varias alternativas? ¿Tienes una oportunidad entre manos que necesitas emprender o a la que tienes que darle la espalda? ¿Tienes una relación con la cual necesitas involucrarte de lleno, o, por el contrario, apartarte? ¿Qué está enturbiando tu criterio? ¿De dónde viene tanta confusión?

Una forma de aclarar tu criterio es examinando honestamente tus motivos. Ellos proveen una ventana a través de la cual podemos observar nuestras decisiones—y nuestra indecisión—con mayor detenimiento. A veces es difícil obtener claridad respecto a lo que sería correcto hacer en una situación en particular. Precisamente en estos momentos los motivos sirven de valiosos indicadores. Al identificar honestamente las razones que nos llevan a actuar de cierta forma o a rechazar un determinado curso de acción, será más fácil discernir qué dirección tomar en la circunstancia que tienes entre manos.

Nuestros motivos nos pueden enseñar mucho respecto a nosotros mismos. Con frecuencia nos revela qué nos impulsa, a qué le tememos, cuáles opiniones impactan nuestra toma de decisiones y a qué le asignamos valor.

También es importante notar que es muy raro que una persona tenga un motivo completamente puro. Digamos, por ejemplo, que vas caminando solo y ves a una señora mayor que necesita de alguien que le ayude a cruzar la calle en un punto donde no hay semáforo. Le podrías ayudar porque te inspira lástima o porque te sentirías culpable de no hacerlo. Le podrías ayudar simplemente para darle una mano o porque sabes que te sentirás mejor respecto a ti mismo si lo hicieras. Le podrías ayudar porque hay alguien que te mira y a quien quisieras impresionar o quizá para darle un buen ejemplo a tu hermano menor. Puede ser que lo hagas simplemente por un sentido de obligatoriedad. Pero existe la posibilidad de que le ayudes por una combinación de estas razones. Y no hay nada de malo en eso. Entre mejor podamos identificar estos motivos, mejor lograremos comprender la forma en que tomamos decisiones. Todo este conocimiento tiene gran valor si deseamos modificar ciertos factores que intervienen en nuestro proceso de elección.

Lo que la gente dice y hace es interesante, pero el por qué lo dice o lo hace es absolutamente fascinante. Para poder llegar al fondo de nuestros motivos, se requiere transparencia, humildad y vulnerabilidad, cualidades que son tan escasas como difíciles de alcanzar.

Piensa tan solo un momento en tu trabajo. ¿Por qué trabajas tan duro como lo haces? Tal vez trabajas arduamente o tal vez no, pero la pregunta sigue siendo la misma. Si trabajas setenta y cinco horas a la semana, ¿por qué lo haces? Si durante tu jornada de trabajo, pasas mucho rato tonteando en internet y matando el tiempo, ¿por qué lo haces? Examina tus motivos. Algunas personas trabajan intensamente porque les encanta lo que hacen. Algunos son perezosos en el trabajo porque no se sienten apreciados. Ahora detente. Profundiza. ¿Quién o qué es el motor de tu trabajo? Algunos trabajan por su cónyuge y sus hijos, para proveer al hogar financieramente. Creo que mi padre se veía motivado a trabajar para darles a sus hijos una mejor vida que la que él mismo tuvo. A otros los motiva un deseo de impresionar a los amigos, a los colegas o al jefe. A otros los impulsa un deseo de prestigio, poder, ovación, dinero, desarrollo profesional y ascensos.

Echemos un vistazo a la relación entre padres e hijos. Si tienes hijos, ¿qué motivos tienes para empujarlos en ciertas direcciones o para desincentivarlos de seguir determinados caminos? Parece que hoy día los niños están involucrados en mil actividades diferentes que dejan a los padres corriendo en seis distintas direcciones a la misma vez. ¿Cuál es la razón para esta locura? ¿Por qué nos apuntamos a hacerlo? ¿Estamos conectados con los intereses reales de nuestros hijos o simplemente tratamos de encajar? ¿Les aporta algo positivo a los niños el estar involucrados en tantas actividades, o lo hacen simplemente porque el resto lo está haciendo?

¿Por qué sales con esta persona y no con esta otra?

¿Por qué te ofreces a ayudar?

¿Por qué evitas a ciertos miembros de tu familia?

¿Por qué? Nuestros motivos nos dicen mucho respecto a quienes somos. Si tienes una decisión que tomar y no tienes claridad para hacerlo, remueve una capa o dos de confusión examinando los motivos que te impulsan en una o en otra dirección. Y luego haz lo correcto, en ese preciso momento. El entender tus motivos te dará destreza en la toma de decisiones.

EL ARTE DE ADMINISTRAR EL TIEMPO

Otra área de nuestra vida que con urgencia debemos simplificar es la de nuestras agendas. Como estamos rápidamente descubriendo, si vamos a desarrollar un claro sentido de propósito, identidad, deseo y valores, tenemos que destinar algo de tiempo a nuestra vida interior. La mayoría de nosotros tenemos horarios tan saturados con actividades y reuniones, compromisos sociales, y las cosas urgentes que surgen inesperadamente a lo largo del día, que nunca llegamos a ese tiempo de silencio y aislamiento que nos es tan necesario para volvernos a conectar con una visión emergente de quienes verdaderamente somos.

Hay una maravillosa escena en el Evangelio de Marcos, donde Jesús nos presenta un bello tema de interés humano: "Jesús les dijo: 'Vengan ustedes solos a un lugar deshabitado para descansar un poco'. Porque eran tantos los que iban y venían que no tenían ni tiempo para comer" (Marcos 6:31).

Esta es la gran lección para simplificar tu vida: Aprende a decir que no. Muchos de nosotros tenemos serias dificultades con esto. Y es por todas las razones que hemos discutido, desde no querer perdernos de nada hasta querer complacer a todo el mundo, que cuesta muchísimo decir que no.

Si tu vida está sobresaturada, es porque estás haciendo más de lo que es apropiado que hagas. Identifica tu verdadero rol. Ser plenamente tú implica hacer únicamente aquello que ha sido destinado para ti. Tienes que buscar tu lugar en el gran esquema de la vida, pero nunca lo encontrarás llenando tu agenda de un millón de cosas que no forman parte del plan de Dios para ti.

Si sentimos que nos hace falta algo, si anhelamos algo o alguien maravilloso en nuestra vida, debemos aprender a dar un paso atrás de toda esta actividad frenética. Debemos crear una brecha en nuestra vida, un espacio—sí, esos vacíos que tememos tanto. Sólo entonces ese algo o alguien especial vendrá a llenar esa brecha.

Aprende a decir no. Empieza a crear un espacio en tu vida para ti y para las nuevas cosas que ansías sean parte de ella. Si alguien te pide que hagas algo o te invita a algún lado, pregúntale si está bien que le des una respuesta luego. Anota la solicitud que te hicieron. Expande el momento entre el evento (en este caso, la invitación o la solicitud) y la respuesta (en este caso, el ponerlo en tu agenda). De esta forma tendrás tiempo para pensar realmente si quieres comprometer ese tiempo a esa actividad en particular. Tendrás tiempo para examinar por qué te sientes atraído hacia ella. ¿Es porque quieres hacerlo, porque crees que te hará bien o porque sientes que debes hacerlo?

Hacemos muchas cosas porque sentimos que debemos hacerlas. Con demasiada frecuencia cuando nos preguntamos: "¿Por qué estoy haciendo esto?" La respuesta es: "Porque debo hacerlo". Pero eso no es cierto. Escogemos hacer las cosas que hacemos. Sí, en ocasiones las circunstancias están fuera de nuestro control, pero a menudo son el resultado de una elección que hicimos previamente. El decir "debo" es a veces producto de engañarnos a nosotros mismos. A veces nos imaginamos que nuestro involucramiento en una actividad en particular es absolutamente necesario. ¿Realmente el mundo se acabaría si no lo hiciéramos?

Tengo una tarjeta con una nota que uso como separador de libros. Es una tarjeta común, en la que he escrito: "Tu vida te pertenece". Eso es totalmente cierto, aunque a veces lo olvidemos. Nuestras vidas nos pertenecen, pero con tanta frecuencia nos vemos enredados en una telaraña de obligaciones, muchas de las cuales o son imaginarias o responden a un interés personal, dejándonos con una sensación de vacío. Nuestra vida nos pertenece y podemos darla a quien queramos y a lo que queramos. Mi vida me pertenece para dársela a Dios por medio del amor y del servicio, o es mía para desperdiciarla buscando una procesión interminable de trivialidades superficiales y frívolas.

Vivimos en un mundo complejo de oportunidades ilimitadas. Hay miles de personas y de actividades compitiendo por ocupar un momento de tu vida. Tanto el mundo interior como el exterior están constantemente compitiendo por nuestra atención. Entre mayor claridad tengamos en nuestro interior, más floreceremos externamente. Pero el trabajo de la vida de reflexión interior requiere una atención real, y la actividad de la vida exterior es extremadamente seductora.

A menudo recurrimos a la actividad para distraernos de las preguntas importantes, que van desde el verdadero esfuerzo en la vida hasta la inquietud y los conflictos que acechan nuestro interior. Pero no podemos mantenernos ocupados indefinidamente, así que cuando nos detenemos para descansar e irnos a dormir, dichas preguntas nos hacen dar vueltas.

La clave para crecer como persona en medio de la complejidad es la simplicidad. El administrar el tiempo apropiadamente es una herramienta que usamos a diario; comencemos a usarla entonces para simplificar nuestras vidas. El hecho de que haya un espacio en blanco en tu agenda no significa que tengas que llenarlo. De lo contrario, podrías pasar tu vida corriendo de un lado a otro, haciendo siempre cosas "urgentes". El problema de eso es que la mayoría de las cosas importantes en la vida casi nunca son urgentes. Tal vez es hora de hacer una lista de cosas que no harás.

DINERO Y POSESIONES

Hasta cierto punto el dinero y las cosas nos simplifican la vida, pero la mayoría de nosotros pasamos ese punto hace bastante rato y ahora más bien nos complican la vida. No estoy diciendo que las cosas y el dinero no sean maravillosos o que sean intrínsecamente dañinos. Lo que estoy diciendo es que necesitamos ser conscientes de la forma en que afectan y complican nuestra existencia.

Hay una gran frase en la película *Wall Street*. Gordon Gekko, el legendario gurú de las inversiones, le dice a Bud Fox, un joven que intenta abrirse camino en Wall Street: "El asunto con el dinero es que te hace hacer cosas que no quieres hacer". Sospecho que, en diferentes momentos de nuestras vidas, todos hemos hecho lo que no queríamos hacer con el fin de pagar las cuentas. Eso es parte de la vida en los países desarrollados. Fue parte de la vida en la era agrícola. Tal vez siempre ha sido parte de la vida. Por miles de años la gente ha tenido que hacer cosas que preferiría no hacer con el fin de abrirse camino para hacer eventualmente lo que realmente quieren hacer. Es un modo de vida y contribuye a adquirir claridad respecto a quiénes somos, para qué estamos aquí y qué es lo verdaderamente importante para nosotros.

Sin embargo, el dinero tiene otras formas de enturbiar nuestro criterio. El dinero en sí es simplemente papel sucio y lo que representa para la mayoría de la gente es no sólo más cosas sino más oportunidades. La pobreza más devastadora aparte de la carencia de alimentos, agua y refugio es la falta de oportunidades. La falta de oportunidades nos devasta no sólo el cuerpo sino el espíritu. El gran atractivo del dinero es que puede comprar oportunidades, ya sea que esas vengan en forma de educación, viajes o descanso; es usualmente la oportunidad que imaginamos la que nos seduce, no el dinero en sí.

El dinero complica nuestra vida porque una vez que disponemos de él, hay que cuidarlo. Para los individuos esto significa cuentas bancarias, portafolios de inversión y fondos de jubilación. Para las naciones esto implica armamento y ejército. Todo esto añade complejidad a nuestra vida. No me malinterpretes, de escoger, yo prefiero la complejidad del dinero a no tener dinero del todo, pero es importante entender cómo el dinero afecta nuestro diario vivir. Con cada cuenta bancaria o de inversión vienen los estados de cuenta mensuales, los cuales no analizas, sino que apenas les echas un vistazo. A veces los fondos incrementan y a veces disminuyen. A veces te preguntas si va a haber suficiente dinero como para cubrir el cheque que giraste ayer. Todo esto demanda tanto energía mental como emocional. Sí, energía emocional. Invertimos gran cantidad de energía emocional en nuestro dinero.

¿Cómo podemos simplificar el aspecto financiero de nuestra vida? Un presupuesto puede ser uno de los pasos. Podríamos consolidar cuentas bancarias, cuentas de inversión y cuentas de jubilación si tenemos cuentas múltiples. Y luego, por supuesto, están las tarjetas de crédito. ¿No sería todo más fácil si tuviéramos tan solo una tarjeta de crédito?

Después del dinero vienen las cosas—todo lo que compramos porque tenemos que tenerlo, todo lo que compramos porque todos los demás tienen uno de esos, todo lo que compramos porque no hemos tenido un buen día, y todo lo que compramos porque sentimos que nos debemos dar un premio. Lo que pasa con las posesiones es que rentan un espacio en nuestra mente. Todo lo que tenemos requiere de un espacio mental, y posiblemente no necesito señalar que el espacio mental es limitado, así que entre más lo satures, mayor confusión experimentarás.

Conozco muchas personas que tienen casas de vacaciones en lugares más cálidos y más exóticos del país o del mundo que el sitio en donde normalmente viven. Aun aquellos que manejan bien el vivir en dos lugares distintos, cuando están en una casa tienen que preocuparse por la otra. ¿Alguien está cortando el césped? ¿Se han metido a robar? ¿Va el huracán a dañar la propiedad? ¿Recordamos cerrar la entrada principal de agua a la casa? Luego hay cuentas por pagar, y el punto no es el dinero sino las molestias que se derivan de tener que pagar todo eso.

Ya sé, ya sé. Estos parecen ser la clase de problemas de las personas adineradas. Muchos quisieran registrarse para tener este tipo de problemas. Los estoy simplemente poniendo como ejemplos para ilustrar cómo las pertenencias rentan espacio en nuestra mente y complican nuestra existencia.

Leí una frase muy profunda en uno de los libros de Richard Foster: *Celebración de la disciplina*. En esta obra, él discute las diversas formas en que las posesiones pueden complicar y dirigir nuestra vida: "Aprende a disfrutar de las cosas sin tener que poseerlas". Me impactó muchísimo porque a mí me gusta tener mis cosas. Pero me ayudó a darme cuenta de que a veces disfrutamos más de algo si lo usamos por un día o una semana, o inclusive un mes, y no tenemos que darle un lugar permanente en la mente.

Una de las formas más efectivas de simplificar nuestra vida es en el ámbito de nuestro dinero y nuestras cosas. El examinar nuestras actitudes respecto al dinero y a las cosas nos permite intuir y comprender mejor la forma en que nos percibimos a nosotros mismos y los motivos que impulsan nuestro actuar.

- ¿Compras cosas porque las quieres, o porque las necesitas?
- ¿Mides el éxito de las personas con base en sus posiciones y su patrimonio, o con base en los aspectos positivos de su carácter y de sus relaciones?
- ¿Está tu identidad fuertemente ligada a tu dinero y posesiones personales, o tu identidad tiene que ver con quién eres y para qué estás aquí?
- ¿Compras por placer, o compras sólo cuando es necesario?
- ¿Estás siempre comprando inventos, novedades que crees que te van a ahorrar tiempo?
- ¿Se te dificulta deshacerte de tus cosas aun cuando ya no las necesitas, o te sientes aliviado al deshacerte de algunas cosas?
- ¿Compartes lo que posees con otros? ¿Eres generoso con tu dinero?
- ¿Compras cosas porque son útiles o porque son símbolos de estatus?
- ¿Te enfocas en lo que no tienes y que aún tu ingreso no te

permite adquirir? ¿O te enfocas en el desarrollo personal, en las relaciones y en todo lo bueno que tienes?

• ¿Buscas la felicidad a través de las cosas, o la buscas haciendo una contribución a las vidas de los que tienes a tu lado?

La próxima vez que vayas de compras, toma algo que estás pensando adquirir. Tómalo en tus manos y haz una pausa. Piensa: "¿Necesito esto realmente? ¿Cuánto espacio va a rentar esto en mi mente? ¿Es realmente este el mejor uso que le puedo dar a este dinero?" Habrá momentos en que vas a comprar lo que tengas en tus manos. Estupendo. Disfrútalo. Habrá otros momentos cuando lo pondrás de nuevo en el anaquel y lo dejarás. Estupendo. Disfruta de esa liberación.

Nunca perdamos de vista el hecho de que millones luchan por conseguir alimento y agua potable. Parece imposible que casi dos mil millones de personas, un tercio de la población mundial todavía carecen de una ingesta adecuada y de agua, pero es cierto. Tres mil millones de personas, la mitad de la población mundial, vive con menos de dos dólares al día. La forma en que vivimos nuestra vida desde una perspectiva material afecta las vidas de los que tenemos al lado y de los que viven tamtp em miestro país como en otros países. No hay actos meramente personales. Es con esto en mente que Madre Teresa sugiere: "Vive simplemente para que los otros puedan simplemente vivir".

Las cosas y el dinero tienen valor en la medida en que las usemos para llegar a ser la mejor versión de nosotros mismos y para ayudar a otros a alcanzar su potencial pleno. En el momento en que nos distraigan de este propósito, éstos se convierten en los amos y nosotros en sus esclavos.

PRIMEROS PASOS PRÁCTICOS

Hemos recorrido un gran trecho, y tal vez te sientas un poco recargado al darte cuenta de cuán recargado estás, o un poco abrumado al darte cuenta de que tienes un gran camino por recorrer en términos de simplificación. ¿Pero dónde empezamos?

No puedo hablar por ti, pero a mí me gustan las soluciones prácticas, manejables y medibles. Es sorprendente ver qué tanto puede complicarse nuestra vida y cuántas cosas podemos acumular a través del tiempo, enmarañando nuestros espacios. No importa si es tu casa o tu apartamento, tu auto o tu oficina, los ambientes que te rodean pueden tener un impacto importante en el nivel de tranquilidad y de felicidad que experimentes. Tu ambiente también te dice cosas y habla de ti. No es frecuente entre los hombres, pero yo soy muy ordenado. Tengo todas mis cosas en su lugar. Mi casa está ordenada, y mi auto está ordenado. No tengo baratijas ya que abarrotan los espacios y eso abarrota mi mente. Si vienes a mi casa y hay cosas tiradas por todo lado, sabrás que estoy enfermo, triste o confundido por algo en especial. La realidad interna busca expresarse externamente.

Pero a veces el organizar los ambientes trae claridad interna. Entonces una vez al año me comprometo a deshacerme de todo lo que no necesito. Es un proceso de liberación material. Este es el primer paso que te sugiero tomar en tu búsqueda de simplicidad y de claridad.

Empiezo por ir avanzando de habitación en habitación a lo largo de toda la casa, deshaciéndome de cosas que nunca uso que pensé que iba a usar pero que no los he usado desde la última reorganización, ropa que no me queda o que está ya muy usada, libros que no me interesan y que me rehúso a imponerle a alguien y cualquier cantidad de otras pertenencias.

Ataco un cuarto a la vez equipado con grandes bolsas negras de basura, pero sólo un cuarto al día. No quiero simplemente hacerlo y ya. Quiero aprender de ello reflexionando mientras lo hago. A veces distribuyo esta tarea a lo largo de dos semanas o algo así y es extraordinario ver cuántas cosas he acumulado con los años. También me sorprende ver qué liberador puede ser deshacerse de todo lo material que no necesitas. Después de toda esa gran reorganización, llevo todas esas bolsas llenas de lo que me sobra y las dono a una institución de caridad local.

El desorden trae confusión. ¿Cuáles áreas de tu vida están congestionadas? ¿Qué áreas de tu mundo físico están atestadas? El ambiente puede tener un impacto importante en tu vida interior. Si tu ambiente está desordenado y congestionado, es impresionante cómo ese factor puede enturbiar tu criterio y tu toma de decisiones. Comienza a simplificar y a reorganizar tus espacios y verás el orden y la claridad que trae a tu vida.

Si logras este paso y todavía anhelas una mayor claridad respecto a tu propósito, tu identidad, tus deseos y tus valores, desconecta la televisión por un mes. Permite que entre un poco de paz y de tranquilidad a tu casa. La mayoría de la gente no puede hacerlo. Es desconcertante lo adictos que somos a esa caja. Pero si tienes el autodominio como para apagarla por un mes, te sorprenderá ver la paz que se respira en tu casa y cuán conectado llegarás a estar contigo mismo, y cómo este cambio impactará la comunicación de tus relaciones. No es simplemente la ausencia de ruido; es la ausencia de toda esa propaganda falsa y el constante envío de mensajes. Si es tan poderoso para ti como lo ha sido para mí, vas a querer pensarlo bien antes de conectarla de nuevo.

La séptima lección:

SIMPLIFICA

Vivir simplemente es uno de los principios duraderos en nuestra búsqueda de felicidad. Por décadas, hemos añadido a nuestra vida una capa tras otra de complejidad, todo en nombre del progreso. El asunto que tenemos entre manos no es ya la satisfacción de las necesidades básicas. El reto real es encontrar una forma de prosperar en un mundo moderno sumamente complejo.

Cuando viajo observo muchísima gente que apenas sobrevive, que apenas va pasando la vida, manteniéndose ahí, donde están. Estoy convencido que, si queremos de nuevo comprometernos con nuestro crecimiento personal, la simplicidad será uno de nuestros mejores aliados. Anhelamos simplicidad. Entre más estemos dispuestos a simplificar, más se desvanecerán las nubes de la confusión y más lúcida será nuestra perspectiva acerca de nosotros mismos y del mundo que nos rodea. De esa forma, tendremos una mayor claridad respecto a la visión de Dios para nosotros y más libres seremos.

Simplifica. Simplifica más. Y luego, sigue simplificado.

Aplicando la séptima lección:

SIMPLIFICA

*Pondré en práctica la séptima lección para descubrir
el sueño de Dios en mi vida, a través de los siguientes pasos:*

1. Aprenderé a tener total control del momento en que voy a tomar una decisión. Recordaré que estoy a cargo de mi vida y que puedo aceptar o rechazar cualquier solicitud o invitación.

2. Examinaré mi vida en sus diferentes ámbitos—físico, emocional, intelectual, espiritual, profesional y financiero—para identificar los factores críticos para lograr el éxito. Los anotaré y los revisaré con cierta frecuencia para evaluar mi progreso en cada una de estas áreas. Permitiré que sean estos factores los que guíen mis decisiones.

3. Tendré presente que el dinero y las posesiones son útiles sólo en la medida en que me ayuden a mí y a los otros a llegar a ser la mejor versión de nosotros mismos. Antes de comprar algo me preguntaré: "¿Necesito esto realmente? ¿o simplemente lo quiero?" Me daré la libertad de contestar con honestidad recordando que está bien desear cosas que no se necesitan. Pero en todo caso, si se trata de algo que no necesito genuinamente, me aseguraré de no actuar compulsivamente, y que de hecho puedo ejercer mi libertad para no tenerlo.

4. Desconectaré la televisión por un mes. Durante este tiempo evaluaré cómo me siento, cómo cambia la energía en mi hogar y cómo la ausencia de ruido y mensajes impacta mis relaciones con los demás. En lugar de ver televisión, leeré más y pasaré más tiempo hablando con las personas que amo, ya sea en persona o por teléfono. Al final de abstenerme por un mes de la televisión, y antes de volverla a conectar, consideraré seriamente los efectos que ésta tiene en mi vida y en mis relaciones. Si decido regresar a un estilo de vida que incluya la televisión, me protegeré de sus efectos negativos limitando el tiempo que le dedico y discerniendo cuidadosamente a qué programas accederé.

5. Empezaré a reorganizar los espacios de mi ambiente de vida y de trabajo. Transformaré una habitación o espacio a la vez, descartando todas las cosas que ya no me son útiles: ropa que nunca uso, y cualquier cosa que añade desorden y congestión a mis espacios de vida y de trabajo. Cuando sea posible me aseguraré de pasar esos excedentes a alguien que los necesite.

Ocho

¿Cuál es tu misión?

Hace unas semanas me fui a cortar el cabello. Casi siempre, a mi estilista le gusta ponerme al día respecto a lo que la gente dice de mí. Es muy entretenido y aunque la mayoría de las historias se alejan de la realidad, usualmente emanan de un hecho insignificante y desconocido. Por ejemplo, el viernes por la tarde fui a la joyería para comprarle un reloj de regalo de cumpleaños a mi hermano Hamish. Mientras lo envolvían, me di una vuelta por el negocio. Alguien me debió haber visto cerca de los anillos de diamantes, porque el lunes siguiente mi oficina recibió once llamadas indagando si me había comprometido. Ese día en particular mi estilista no tenía ningún chisme que reportarme, pero sí me contó esta interesante historia: "Una de mis clientes vino el otro día y me dijo: 'Escuché que le habías cortado el cabello a Matthew Kelly. Dile a ese joven que él necesita escribir un libro para gente como yo. Con esto quiero decir que soy una sesentona, pero aún estoy viva'.

Me llamó la atención porque esa señora había puesto el dedo en un sentimiento creciente entre la gente de su edad. Hay mucha gente que está jubilada o a punto de jubilarse—y muchos que les hace falta todavía bastante para tener la edad de jubilación—que quieren seguir viviendo de una forma que los vincule, los rete, y les permita hacer una diferencia. Esta generación de jubilados no va a irse a la tierra del esparcimiento a jugar golf y a tomar martinis. Ellos quieren algo más. Quieren seguir involucrados. Quieren continuar haciendo contribuciones significativas. Para algunos esto implica una prejubilación de media jornada, una reducción de la carga laboral. Para otros puede significar ofrecerse como voluntarios o trabajar medio tiempo en un nuevo campo. Y para otros aun, puede implicar adquirir nuevas destrezas o hacer finalmente aquello que nunca pudieron hacer cuando eran más jóvenes. Independientemente de cómo se manifiesta, todo esto evidencia un anhelo real que, independientemente de la edad, más y más gente está identificando. Queremos vivir de una forma más significativa, queremos hacer una contribución.

Anteriormente mencioné las tendencias cambiantes de la fuerza laboral, particularmente en relación al deseo de un trabajo cargado de significado. El setenta por ciento de los trabajadores estadounidenses desearían tener un trabajo más significativo. Las personas quieren aportar, hacer algo que tenga un impacto. No quieren ser simplemente otro engranaje en la rueda económica global.

Al otro extremo del espectro de la edad, los jóvenes parecen ni siquiera poder concebir el pasar 86400 horas haciendo algo que no les apasiona y que no va más allá de incrementar el patrimonio de los accionistas. ¿Por qué hay tantas personas cursando la adolescencia y aun los veinte o los treinta, que han perdido la ilusión por su futuro? ¿Por qué parecen estar tan poco motivados para construir su futuro? Algunos dirán que simplemente se debe a que son muy jóvenes, pero yo argumentaría que es porque hemos fallado en demostrarles cómo pueden hacer una contribución positiva a la sociedad y a la humanidad.

¿No es una de nuestras mayores obligaciones ayudar a la gente joven, de hecho, a toda la gente, a encontrar una forma de hacer una contribución a través de los talentos y habilidades que les son únicas?

En diversos ámbitos, cultural, político, corporativo y en situaciones humanitarias, estamos fallando en conectar a la gente de todas las edades con sus propias habilidades y con las necesidades reales de otras personas y de valiosas instituciones. La explosión de pasión y propósito se detona cuando hay una correspondencia única entre necesidades y habilidades singulares. No logramos iniciar esta explosión en las vidas de demasiadas personas. Ciertamente cada uno de nosotros tiene la responsabilidad de encontrar una forma de expresar sus habilidades únicas. Sería un error abdicar de dicha responsabilidad. Pero también todos tenemos una responsabilidad colectiva de crear un marco de referencia que brinde a más y más personas la oportunidad de hacerlo.

A la generación de mi abuelo la impulsaba la búsqueda por la supervivencia. El aspecto más apremiante de sus vidas era sobrevivir. No estoy seguro que se hayan detenido a pensar sobre la búsqueda de la felicidad. La idea de buscar la felicidad ha emergido en una etapa relativamente más reciente de la historia y sospecho que habría sido considerada por muchas generaciones pasadas como un inesperado bien de lujo. También me pregunto si la mayoría de las personas en las generaciones pasadas se permitían empantanarse en la idea de que no eran felices. Me parece que eso habría sido en ese tiempo una muestra de ocio.

La generación de mi padre buscaba darles a los hijos una mejor vida de la que ellos mismos habían gozado. Encontraban gran significado en su quehacer diario al proveer para sus familias y al darle a sus hijos las oportunidades que ellos estimaban eran necesarias para construir un futuro más abundante, particularmente en el área de la educación. Pero ahora, con tantas necesidades básicas y deseos satisfechos, emerge un deseo universal entre las personas de todas las edades: vivir una vida llena de un mayor significado. Este deseo es el inicio de una revolución cultural. Esta hambre de vivir una vida más significativa tal vez cambiará la faz del mundo de los negocios y de la política más de lo ha hecho cualquier otra idea en décadas. Ciertamente cambiará la forma en que vivimos nuestra vida como individuos.

¿Entonces hacia dónde nos dirigimos para hallar este significado? En relación al orden natural de la evolución humana, los sociólogos y los filósofos se refieren a tres etapas: La primera de ellas es la lucha por la *supervivencia*. Esa fue la lucha de mi abuelo. Vemos claramente esta etapa en las vidas de los individuos, pero también en la vida de las naciones. Hay un gran número de países en vías de desarrollo todavía prácticamente absortas en la lucha por la supervivencia, y hay muchas personas en los países desarrollados que viven de salario en salario, necesariamente obsesionados con esta etapa.

En la siguiente etapa, comenzamos a adquirir cierto tipo de conocimientos acompañados de una comprensión de los procesos y de los sistemas en una búsqueda de *independencia*.

A medida que vamos adquiriendo conocimiento especializado y entendiendo cómo funcionan ciertos sistemas, comenzamos a desarrollarnos a nivel social y profesional. Es usualmente en este punto donde nos enfocamos en hacernos más y más efectivos en lo que sea que estamos haciendo. En esto consiste la famosa búsqueda de la *efectividad*, la cual constituye la tercera etapa; sin embargo, yo diría que es la cuarta.

La realidad es que la mayoría de la gente se salta una etapa. Para ser realmente efectivo, tienes que estar haciendo lo correcto. No importa qué tan rápida o hábilmente puedes hacer lo que es erróneo o cuántas horas al día o cuántos años de tu vida le dediques, sigue siendo un error. El hacer lo incorrecto bien hecho, no lo transforma en algo correcto; es aún un error. No me refiero a lo incorrecto y correcto en un sentido moral, sino en el sentido de lo que la persona está mejor capacitada para hacer de acuerdo a sus talentos y habilidades. Creo que podemos estar de acuerdo en que habría sido un error para Picasso el haber pasado su vida como piloto, para Francisco de Asís el haber asumido las empresas de su padre y para Albert Einstein el haber pasado su vida en un colegio de secundaria como profesor de ciencias. No hay nada de malo en ser piloto o un empresario o un profesor de secundaria si esto es lo que estás llamado a hacer.

Entonces si la primera fase es supervivencia y la segunda es independencia, la cuarta es efectividad y desarrollo. ¿Cuál es entonces la etapa tres? La etapa tres es *misión*. La mayoría de las personas se la saltan y esa es la razón por la cual la mayoría de la gente vive en silencio vidas desesperanzadas.

Las personas más felices que conozco son personas que tienen un sentido de la misión que les ha sido encomendada. Tienen un gozo que nadie puede arrebatarles. La dicha de sus vidas está ligada no a la concepción mundana de misión sino a la creencia de que ellos tienen las cualidades singulares para desempeñar ese papel y que han sido llamados a hacerlo. Poseen un sentido de que están en el lugar correcto, en el momento correcto haciendo lo correcto. Sus vidas tienen sentido. Tal vez no tiene sentido para la gente que los rodea, aun para aquellos que les son más cercanos. Pero para ellos, su vida tiene sentido. Y para ti, ¿tiene sentido tu vida? ¿Estás en paz con quién eres, dónde estás y con lo que estás haciendo?

Aquellos que tienen un sentido de misión en sus vidas están llenos de una dicha que trasciende la materia y las circunstancias. Aun en medio de tremendas dificultades, tienen una enorme capacidad de gozo. La razón se fundamenta en que independientemente de la situación por la cual atraviesan, tienen la certeza de que no es en vano. Ellos están en función de un propósito que va más allá de su propia complacencia.

En la mayoría de los casos, su misión es bastante simple y humilde. Ellos no están tratando de cancelar la deuda del tercer mundo o de revocar las leyes en más de cien naciones que tratan todavía a las mujeres abominablemente. Muy pocos son llamados a estas grandes misiones, pero la mayoría de nosotros somos llamados a misiones que son mucho más manejables en el contexto de nuestra vida diaria. Eso es lo característico de una misión. No escoges una misión; eres enviado a una misión. Esa es la razón por la cual tantas explicaciones de las diversas etapas del desarrollo humano se saltan por completo la etapa de la misión. Esto representa un problema en una sociedad que idolatra la autodeterminación. Si estas personas felices tienen la convicción de que han sido llamados a una misión, ¿quién las llamó? Si tú no escoges una misión, sino que eres llamado a una misión, ¿quién te envía?

Con base en las encuestas de opinión de los últimos cincuenta años realizadas por la organización Gallup, el 94% cree en Dios, el 90% ora, el 88% cree que Dios le ama. ¿Quién hace el llamado y lo envía? Dios. Por supuesto, no podemos hablar de ello en las escuelas públicas, y tal vez es por eso que nos deshicimos de la tercera etapa. ¿Pero tiene sentido hacer lo inapropiado con efectividad, y no es algo deprimente pensar en los millones de personas que pasan su vida entera haciendo cosas contrarias a sus talentos y al propósito para el cual han sido llamados?

Entonces independientemente de si podemos hablar de Dios y de misión en las escuelas públicas o no, ese no es el punto. El punto es que es necesario sensibilizar a las personas respecto al papel que juega la misión en nuestras vidas.

Finalmente, antes de que comencemos a discutir cómo podemos encontrar nuestra misión en la vida y ayudar a los demás a hacer lo mismo, me gustaría señalar que la misión y la espiritualidad están inseparablemente vinculadas. No conozco a nadie que sea auténticamente feliz que no tenga un sentido de misión en su vida. De hecho, parece que entre más fuerte sea ese sentido de misión, mayor es su capacidad de experimentar una felicidad duradera. Pero la misión real es una expresión externa de una realidad interna. No conozco a nadie que sea feliz que no tenga una perspectiva espiritual. El encontrar tu misión en la vida y el desarrollar tu espiritualidad están intrínsecamente conectados.

La persona con el mayor sentido de misión que haya existido en toda la historia es Jesucristo. Él tenía totalmente claro quién era, para qué estaba aquí, qué era lo más importante, qué era lo menos importante, qué lo caracterizaba y qué misión que estaba tratando de llevar a cabo a través de cada evento y conversación. Esta asombrosa claridad y sentido de misión era fruto de su relación con su Padre Dios y el Espíritu Santo (cfr. Juan 6:37–40). Entre más nos acercamos a Dios, más claro se vuelve nuestro sentido de misión.

Anhelamos un mayor significado en nuestras vidas; deseamos profundamente hacer una contribución y el sentimiento de que estamos fuera de lugar nos ha invadido. Todo esto porque simplemente hemos fallado en buscar y encontrar nuestra misión. La misión es algo para lo cual tienes el talento, algo para lo cual has sido llamado y creado. Si puedes abrirte a la posibilidad de esa idea, entonces estás a punto de experimentar un completamente nuevo nivel de vida.

¿Cuál es tu misión en la vida? Comencemos a descubrirlo.

EN BUSCA DE TU MISIÓN

Todos deseamos encontrarle sentido a nuestra vida, entender su propósito y, por consiguiente, nuestro propósito. Hemos ya establecido que nuestro propósito es llegar a ser la mejor versión de nosotros mismos. Pero una vez que nos tomemos en serio este objetivo, pronto descubriremos que no podemos llegar a serlo sin ayudar a los otros a hacer lo mismo. Los dos están entrelazados. Y no sólo eso, sino que también queremos desempeñar un papel único. Anhelamos la pasión y el entusiasmo que viene de esa misión que nos es propia.

¿Cuál es tu misión en la vida? Tómate unos minutos para anotar lo que te viene a la mente. No tiene que ser una sola cosa. Puede ser que sean muchas cosas. Algunas de ellas probablemente sean más importantes que otras, pero escríbelas todas, todos aquellos roles grandes y pequeños.

En mis seminarios hago esta misma pregunta con frecuencia: "¿Cuál es tu misión en la vida?" Algunas de las respuestas que he obtenido son: "criar a mis hijos", "cuidar de mi familia", "dejar el mundo mejor de lo que lo encontré", "ser una buena persona", "servir a Dios", "ser un buen doctor" o "vivir a plenitud". Estas son respuestas que se han dado rápidamente. Pero esta pregunta requiere ser considerada detenidamente. Yo no tengo una respuesta que darte. Tus padres no te la pueden dar, aunque sin duda desearían poder dártela. Tus amigos no pueden decirte cuál es la misión de tu vida. No la descubrirás por televisión, ni los maestros, entrenadores, profesores, mentores, predicadores, sacerdotes o rabinos podrían darte la respuesta a esa pregunta. Ellos *pueden* ayudar brindando sugerencias desde su perspectiva o punto de vista. Y, aun así, después de considerar todo, te enfrentas siempre a la pregunta que debes contestar por ti mismo. Encontrar tu misión en la vida es una búsqueda muy profunda, a nivel personal.

Es posible encontrar nuestra misión únicamente si estamos dispuestos a mirar más allá de nosotros mismos. Nuestra misión no emana de nuestro deseo de hacer algo o de ser algo, de tener algo, aunque ciertamente ese deseo puede tener un rol. Emana de las necesidades de los otros y de las necesidades del mundo. La misión es el encuentro de nuestro propio ser y el servicio. Así fue como Jesús entendió su propia misión. "El Hijo del hombre no ha venido a ser servido sino a servir . . ." (Mateo 20:28).

Si estamos genuinamente en busca de nuestra misión, nuestro deseo debe ser servir a medida que nos necesiten y donde nos necesiten. La misión debe ser motivada por la necesidad—las necesidades de los demás y la necesidad de servir. Al mismo tiempo, creo que nuestras misiones han sido diseñadas para corresponder a nuestros deseos más profundos y a nuestros talentos únicos. La misión es donde nuestros talentos y pasiones convergen con las necesidades de otros y del mundo. Si no somos capaces de vernos a nosotros mismos como llamados por Dios a llevar a cabo una misión, entonces permitamos que ese llamado emane de las necesidades de los demás y de un mundo maravilloso, pero herido. Frederick Buechner, escritor y pastor estadounidense, observó que la misión "es el lugar donde tu intensa alegría se encuentra con la intensa necesidad del mundo".

Lo que pasa con la misión es que no se trata de nosotros, y aun, pronto descubrirás que la paradoja de la misión es que es la fuente de la felicidad más profunda. Una vez que hayamos descubierto nuestra misión y nos dispongamos a llevarla a cabo, el reto es mantener esa misión enfocada en el servicio. No importa cuán grande sea el servicio que realizamos, cuán significativa la contribución, debemos siempre evitar caer en la tentación de que se convierta en algo que gira en torno a nosotros. Una misión nos rescata de una vida centrada en nosotros mismos y nos brinda una felicidad duradera al desviar nuestro foco de nosotros mismos a los demás.

También es importante reconocer desde el inicio que nuestra misión puede cambiar en diferentes momentos de nuestra vida. El rol de una madre criando a su hijo es el ejemplo perfecto. Esta misión tiene muchas etapas, desde llevar al hijo en el vientre y el parto hasta las primeras semanas de la infancia, y desde la adolescencia hasta la adultez. En cada etapa una madre cuida a su hijo de diversas maneras. Para una madre, la misión sigue siendo la misma a lo largo de la vida, pero toma diferentes enfoques dependiendo de cada etapa.

Hay otros ejemplos en que nuestra misión puede cambiar como un todo. Un joven puede sentirse llamado al Cuerpo de Paz al inicio de su vida adulta. Podría pasar un par de años en este compromiso y luego proceder a casarse, formar una familia, y luego responder a otro llamado en el campo profesional, por ejemplo. La misión en el Cuerpo de Paz es en este caso una misión temporal. Una misión no tiene que durar toda la vida. Muchas son temporales y generalmente nos preparan, sin saberlo en ese momento, para alguna otra misión futura.

El problema radica en saber. ¿Cómo sabemos cuándo hemos descubierto nuestra misión? ¿Cómo sabemos si es una misión temporal o para toda la vida? La respuesta es que es complicado. Y como con todas las cosas complicadas, es mejor empezar a entenderlo de lo general a lo específico—desde lo que se aplica a cada uno de nosotros hasta lo que se aplica específicamente a ti.

En los términos más amplios, nuestra misión es llegar a ser la mejor versión de nosotros mismos. Vivimos esta misión momento a momento, eligiendo lo que nos lleva a valorar y a defender lo mejor de nosotros. Eso requiere tomar la iniciativa, haciendo un esfuerzo tanto defensivo como ofensivo. El optar por ejercitarse es una acción ofensiva, mientras que el decidir no pasar un tiempo con alguna persona que te aleja de tu potencial es un acto defensivo. Todos estamos aquí para llegar a ser la mejor versión de nosotros mismos. Entonces ésta es la primera parte de tu misión. No es exclusivamente tuya, sino que compartes esta parte de tu misión con todas las demás personas de la raza humana—pero tú la personalizas de acuerdo a cómo la vivas. Mientras nos acercamos a nuestra misión específica, descubrimos que nuestra misión es hacer lo que podemos, donde podamos, como podamos, ahora, para hacer del mundo un mejor lugar. La razón por la cual muchas personas nunca encuentran su misión específica y única es porque nunca han tomado en serio los aspectos generales de su misión.

Nuestra fortaleza principal como seres humanos es nuestra capacidad de hacer la diferencia en la vida de otras personas, y aun así, es la menos utilizada de todas las capacidades humanas. Si realmente somos sinceros en nuestro deseo de descubrir esa parte de nuestra misión que es únicamente nuestra, debemos empezar por ejercitar este gran talento. Francisco de Asís alentaba así a los que lo escuchaban: "Primero haz lo que es necesario, luego lo que es posible, y antes de que te des cuenta, estarás haciendo lo imposible". En la búsqueda de nuestra propia misión no podemos descartar o ignorar lo general. Si así lo hiciéramos, lo específico nos eludiría. Todos estamos aquí para hacer del mundo un mejor lugar. Esta es la segunda parte de tu misión. De nuevo, no es exclusivamente tuya—es parte de la misión compartida de la humanidad, pero tú la personalizas según la forma como la vivas.

Entre más nos comprometamos con las dos primeras partes de nuestra misión, más clara será aquella parte que nos compete de forma específica y única. Al dedicarnos a los aspectos generales de nuestra misión ponemos los medios para descubrir la parte de nuestra misión que se nos ha delegado sólo a nosotros. Este aspecto de tu misión es exclusivamente tuyo. Si fallas en descubrirlo, en aceptarlo como tuyo y en llevarlo a cabo, no será más que un vacío en la historia, algo que quedará sin realizar.

Esta tercera parte de tu misión personal implica que ejercites tus talentos y habilidades de una forma que sólo tú eres capaz, en el momento y en el lugar que más te necesitan. Ésta es tu misión personal. Sólo mi mamá y mi papá podían criarme de la forma en que yo necesitaba ser criado. Era parte de su misión específica. Hay personas en este momento de la historia que necesitan las ideas que comunico a través de mis libros y mis charlas. El escribir y hablar en público son parte de mi misión específica.

Tu misión específica puede involucrar criar a un niño, llegar a ser el presidente de tu nación o amar a tu cónyuge con todo tu corazón. Puede ser que estés aquí para hacer una gran contribución a las artes o para hacer un descubrimiento científico que cambie el curso de la historia. Puede ser que estés aquí para enseñar tercer grado en la escuela primaria de tu localidad. El alcance y la escala de la misión que tienes asignada es irrelevante; lo que realmente importa es que asumas ese rol que es tuyo. Muchas personas le dan la espalda a esa misión única porque no les parece lo suficientemente espectacular o porque no les genera suficiente dinero. Pasan entonces el resto de sus vidas presos de un persistente sentimiento de que algo les falta o que algo no está bien.

¿Cómo reconocemos nuestra misión? Aprovechando los momentos del día para actuar conforme a la mejor versión de nosotros mismos, al hacer todas aquellas cosas buenas que nos sentimos inspirados a hacer aquí donde estamos en este preciso momento, discerniendo y desarrollando los talentos únicos y los deseos más profundos que tenemos, y escuchando la voz de Dios en nuestras vidas. Si nos disponemos seriamente a responder de esta manera, poco a poco nuestra misión personal nos será revelada. Cada uno de nosotros debe hallar su propósito y lugar en este mundo.

Peace Pilgrim lo planteaba de la siguiente manera:

> Hay algo único a cada vida humana porque cada uno de nosotros tiene un *lugar especial en el patrón de la vida*. Si aún no tienes claro cuál es el tuyo, sugiero que trates de buscarlo por medio del silencio

receptivo. Yo me iba a caminar sola, receptiva y en silencio, en medio de las bellezas de la naturaleza, y así brotaban reflexiones maravillosas. Comienzas a hacer tu parte en el patrón de la vida haciendo todo lo bueno que valoras y te motiva, aun cuando al inicio sean solo pequeñas cosas. Debes darles prioridad sobre las cosas superficiales que complican y desordenan la vida del ser humano.

Con mayor frecuencia de la que admitimos, sabemos qué deberíamos estar haciendo con nuestras vidas. Una cosa es no hacer algo porque no sabemos qué es lo que deberíamos hacer. Pero saberlo y no hacerlo es aun peor; es una tragedia que atrofia el espíritu humano. Todos los días conozco gente que se siente llamada a hacer algo bueno y ellos lo saben, pero ignoran el llamado. Cuando me hablan de lo que se sienten llamados a realizar, se energizan—sus ojos se iluminan y toda su postura y su disposición cambia. Pero cuando les pregunto por qué no lo hacen, se desinflan. Siempre sucede que se sienten atrapados por el dinero o las expectativas de los demás, pero sobre todo por el temor a la incertidumbre. Estos son obstáculos reales que sólo pueden ser superados por medio de las virtudes del coraje, la fortaleza y la perseverancia. No será fácil, pero considera la alternativa. Conocer tu misión y no emprenderla es una de las más grandes miserias de la humanidad.

El misterio de nuestra misión nos es revelado poco a poco. Esta revelación se despliega mientras aplicamos a nuestras vidas lo que sabemos que es bueno y verdadero. Así es como el Espíritu Santo nos guía. Si tú no sigues la luz que Él irradia en tu camino, Él no revelará más. Casi siempre, Él revela el camino y la misión a la mayoría de la gente, paso a paso. Si no damos los pasos iluminados por su luz, simplemente no revelará el siguiente paso hasta que hayamos dado el primero.

Emprende el camino de tu misión y el siguiente paso se iluminará. Empieza hoy. Puedes empezar haciendo algo bueno que te sientas motivado a ser. Elige cualquier cosa buena. Día a día dedícate a la tarea de hacer lo bueno que eres capaz de hacer y a lo que te sientes llamado, y tu corazón y tu mente se llenarán de un nuevo gozo y pasión por la vida. Sé paciente. Permite ser guiado de lo general a lo específico. A su debido tiempo, empezarás a ver que tu misión única comienza a emerger. Acógela, valórala y hazla tuya. El dramaturgo irlandés Bernard Shaw escribió: "Esta es la verdadera dicha de la vida: ser utilizado para un propósito que para ti es sublime".

EN BUSCA DE TI MISMO

¿Me crie en un suburbio de Sídney, Australia, y mi niñez estuvo colmada de maravillosas memorias, pero hay unas pocas experiencias que recuerdo de forma especial, no porque fueran divertidas sino porque me ayudaron a formar mi visión del mundo. Cuando tenía diecisiete años, Juan, un amigo de la familia, me llamó un día y me preguntó si podíamos vernos por un par de horas el domingo por la tarde. Él no vivía lejos de nosotros, y el domingo siguiente pasé por su casa, como habíamos acordado.

Nos fuimos caminando cuesta abajo por la calle de enfrente y me dijo que íbamos a visitar a unos amigos suyos. Caminamos como dos millas al próximo suburbio y llegamos a un hogar de ancianos. Ya adentro se dirigió al puesto de enfermeras y lo escuché explicándole a una de ellas que nosotros habíamos llegado a visitar a algunos ancianos que no recibían visitas con frecuencia. La enfermera lo miró dudosa, pero, de todas formas, lo dirigió hacia una de las alas del hogar.

Juan sacó entonces una caja de chocolates del bolsillo de su abrigo y entramos a una de las habitaciones. En ella había cuatro camas y cuatro hombres. Saludamos y empezamos a pasar los chocolates. Uno de los hombres estaba muy dispuesto a hablar mientras que los otros miraban sospechosamente.

Fuimos de cuarto en cuarto y nos quedamos de diez a quince minutos en cada uno. Pasamos chocolates y hablamos con las personas mayores. A muchos nadie los había visitado en meses, y todos tenían historias sobre sus vidas y sobre el lugar de donde procedían. En algunas oportunidades fue difícil iniciar una conversación, pero en la mayoría de los casos no tomaba más que decir: "¿De dónde es usted?"

Yo avergonzado y me sentía e incómodo. El tiempo pasó lentamente y yo no podía esperar ni un minuto para que se acabara aquella visita. Finalmente llegó a su fin.

De regreso a casa, Juan me explicó qué solas son algunas de estas personas y cómo la sociedad las abandona. Nuestra visita lo había hecho evidente. "¿Vas con cierta frecuencia?", le pregunté. Me dijo que nunca había ido a ese hogar de ancianos en particular, pero que de vez en cuando trataba de visitar uno diferente.

A la semana siguiente, me llamó y me preguntó si quería acompañarlo de nuevo. Le dije que estaba ocupado. Una semana después me volvió a llamar. Le dije que tenía otros compromisos. Siguió llamándome y eventualmente acepté. Esta vez me sentí más cómodo con las personas mayores. Comencé a entablar conversación. Juan siguió llamándome y la mayoría de las semanas yo inventaba una excusa, pero a veces aceptaba acompañarlo. Durante los meses siguientes, visitamos varios hogares de ancianos en el área y me expuse a la gran necesidad de los ancianos en nuestra comunidad. No recuerdo cómo se llegó a dar la transición, pero después de un tiempo iba yo solo. De vez en cuando trataba de llevarme a algún amigo conmigo, pero la mayoría se resistían y aquellos que aceptaron acompañarme, lo hicieron sólo una vez.

Me hice amigo de algunos ancianos, y comenzaron a contarme sus historias. Esta fue una experiencia educativa que no tiene precio, y esas historias comenzaron a calar en lo más hondo de mí. Carreras y guerras, el criar una familia y perder una familia, enfermedad y salud, amor y pérdida, riqueza y pobreza, aventura y rutina, estos hombres y mujeres lo habían experimentado todo, y estaban más que dispuestos a compartirlo conmigo. Es más, ellos necesitaban contar sus historias y cuando lo hacían sus rostros resplandecían y sus ojos se llenaban de un brillo especial.

Estos hombres y mujeres tuvieron una enorme influencia en mi vida. No puedo afirmar que alguna vez disfruté realmente de estas visitas. Tenía que forzarme a ir, pero sabía que estaba saliendo del diminuto mundo de mí mismo para entrar al mundo de los demás. Nunca dejé de sentirme nervioso y temeroso de asistir a estos lugares, pero me obligué a hacerlo, y así desarrollé un coraje que me fue muy útil al viajar por el mundo en los años siguientes. Aunque no disfrutaba visitar los hogares de ancianos, siempre me sentí bien respecto a mí mismo al haber concluido la tarea. Regresaba a casa con un gozo incomparable, que no habría podido experimentar a través de ninguna otra cosa que hubiera hecho durante ese tiempo. Ahora sé que esas visitas a esos hogares de ancianos me estaban enseñando muchas cosas y me estaban formando de maneras de las que no era consciente en ese entonces. Sobre todo, me estaban instruyendo sobre el poder del servicio en la búsqueda para descubrir quiénes somos realmente y qué estamos haciendo aquí. Todos tenemos un infinito número de oportunidades para servir, ahí en el lugar donde nos encontramos, y a nuestra propia manera. Es tan fácil quedarse atrapado en nuestro pequeño mundo. El servicio nos saca de lo que es a veces una desgastante obsesión con nosotros mismos y nos permite abrirnos al mundo de los otros.

Hay otra historia sobre los suburbios de Sídney que me gustaría compartir con ustedes. Poco antes de Navidad en 1922, cinco hombres de negocios australianos venían de regreso de un viaje a las Montañas Azules. Se pusieron a debatir si todos estaban disfrutando del espíritu navideño. Uno de los hombres les preguntó a los otros si estaban al tanto de la pobreza y la necesidad que rodeaba las áreas en donde cada uno tenía fábricas. Los otros cuatro se asombraron de escuchar esto, y un par no estaban convencidos de que fuera cierto. El hombre que lanzó la pregunta los retó a indagar esto un poco más, y todos acordaron reunirse en un bar una semana después para tomarse una cerveza y discutir lo que habían descubierto.

Los otros cuatro hombres estaban sorprendidos de la gran cantidad de niños y de familias necesitadas que habían encontrado, no en el extranjero sino casi en sus propios patios traseros. Cuando el grupo se reunió una semana después, los hombres acordaron unánimemente que tenían que hacer algo al respecto. Decidieron que por lo menos, cada niño debería participar del espíritu navideño. Entonces empezaron en los orfanatorios locales donde los niños no tenían el amor de sus familias y los colmaron de regalos y de caramelos.

Mientras los hombres estaban entregando la comida y los regalos, la mujer a cargo del orfanatorio les preguntó sus nombres para que así los niños pudieran escribirles notas de agradecimiento. Queriendo permanecer anónimos, uno de los hombres respondió: "¡Eh . . . Smith!"

"¿Y qué tal los otros?" preguntó la gobernanta.

"¡Ellos también son Smith!" respondió el hombre. "Somos todos Smith. ¡La familia Smith!".

Hoy día, *la Familia Smith* es una de las organizaciones caritativas más importantes de Australia, y sus cinco fundadores han logrado permanecer anónimos. Durante los últimos ochenta años, la organización ha continuado valorando las necesidades de los niños y de las familias desfavorecidas y respondiendo apropiadamente.

Durante la depresión que tuvo lugar durante los últimos años de la década de los veintes y a principios de la década de los treintas, la familia Smith proporcionó alimentos y ropa a miles de hombres, mujeres y niños mientras que los niveles de desempleo se disparaban. En 1933, cuando la fiebre reumática afectó a la niñez de manera importante, la familia Smith montó un hospital para cuidarlos. En los setentas la familia Smith reaccionó a las necesidades de las familias de los refugiados que huían de la guerra de Vietnam y Timor y apoyó a los residentes de Darwin en Australia mientras se recuperaban de la devastación causada por el Ciclón Tracy. Durante los setentas y los ochentas, la familia Smith estaba destinando más recursos que nunca al apoyo financiero directo, en muchos casos a familias a las que les habían estado dando asistencia por varias generaciones. Dirigiéndose a sus beneficiarios, les preguntaron cómo podían ellos contribuir a ponerle fin a la desventaja intergeneracional. Contestaron: "Ayúdennos a apoyar a nuestros hijos a adquirir una buena educación". En 2006, más de 23500 estudiantes en toda Australia recibieron becas para educación de la Familia Smith.

¿Se imaginaron alguna vez estos cinco hombres lo que iban a desencadenar? Sospecho que no. Hicieron lo que podían, cuando lo podían hacer, en el lugar donde estaban. El clérigo británico John Wesley escribió: "Haz todo el bien que puedas por todos los medios que puedas". La mayoría de la gente se asombra de lo que son capaces una vez que empiezan a tomar en serio las dos primeras partes de su misión. Al esforzarnos en ser la mejor versión de nosotros mismos y al tratar proactivamente de hacer del mundo un mejor lugar, la mayor parte de la gente puede tener una gran influencia positiva.

Muchas cosas maravillosas pueden pasar cuando hacemos lo que podemos dondequiera que estemos. Cada uno de nosotros debe encontrar una forma de servir. Cuando escribo, trato al máximo de evitar usar el verbo *deber*, pero aquí lo usaré enfáticamente. Albert Schweitzer, el médico misionero francés y Premio Nobel de la Paz en 1953, expresó la misma idea: "Tengo certeza de una cosa. Los únicos entre nosotros que serán auténticamente felices son aquellos que han procurado y encontrado una forma de servir".

Para la mayoría de nosotros, el giro más grande de nuestras vidas toma lugar cuando decidimos hacernos radicalmente disponibles para servir. En el momento en que ya no sea la pregunta "¿qué hay ahí para mí?" la que domine nuestro diálogo interno, sino en su lugar, "¿cómo puedo servir?" es que comenzamos a avanzar rápidamente por el camino que nos llevará a descubrir nuestra misión en la vida. Hasta que este giro tome lugar, es imposible asumir nuestra misión, ya que no hemos puesto los medios para que nos sea revelada.

Tengo un amigo en Nueva York que es una de las personas más activas y con más cosas a cargo, que conozco. Tiene sus propios shows de radio y de televisión, es escritor y apoya numerosas organizaciones de beneficencia, involucrándose directamente. Añade a esto su compromiso a su familia y a sus amigos y las constantes demandas sociales de su profesión, y tendrás al frente a un hombre sumamente ocupado. Lo conozco desde hace diez años aproximadamente, y cuando nos vemos o hablamos por teléfono, nuestra conversación nunca concluye sin que me pregunte: "¿Cómo puedo ayudar?"

Al principio pensé que me lo preguntaba por ser amable, pero con el tiempo he llegado a conocerlo como persona y he visto la forma en que vive su vida. Me he dado cuenta que vive para servir a otros. Él me ha enseñado a mantener una sana perspectiva respecto al rol y a la responsabilidad que tengo como líder. Él ha plantado esta pregunta en mi mente y en mis conversaciones con los demás. Y por tanto ahora, al acercarme e interaccionar con la gente, me pregunto: "¿Qué puedo hacer para ayudar a esta persona?" y te recomiendo que tú también añadas esta pregunta a tu diálogo interno. En medio de tus quehaceres diarios, comienza a preguntarte cómo puedes ayudar a las personas que cruzan tu camino o cómo puedes servir en las situaciones que se te presentan.

Algunas tradiciones orientales hablan de la ley del dharma. *Dharma* es una palabra en sánscrito que significa "propósito en la vida". La ley del dharma sugiere que todos y cada uno de los seres humanos toma una forma física, es decir viene a este mundo, para satisfacer un propósito único. Se cree además que todos llegamos al logro de este propósito enfocándonos en aquello que tenemos que ofrecer.

La forma más segura de encontrarte a ti mismo, no es tomando un viaje exótico a una tierra lejana. Quédate ahí donde estás. Estás precisamente ahí por una razón. Descubre esa razón antes de buscar nuevas tierras. Y el servicio es el camino más seguro para descubrir esa razón. El servicio provee la ruta más directa para desarrollar un claro sentido respecto a quién eres y para qué estás aquí. Al hacer un giro en nuestro enfoque de qué es lo que podemos sacar a qué es lo que podemos dar, nos abrimos a una vida de servicio. Dios te revelará tu misión sin reservas una vez que te hayas hecho disponible para servir.

¿A quién servirás? Algunos pasan toda su vida sirviéndose a sí mismos, a sus intereses mezquinos y deseos egoístas. Puedes medir la grandeza de una vida viendo en qué y a quién sirve. El servicio es un elemento esencial si quieres emprender vehementemente la búsqueda de una felicidad duradera.

Jesús le asignó un gran valor al servicio. Él rechazó todos los parámetros que el mundo usa para determinar la grandeza: fama, fortuna, poder, posición, logro, intelecto, posesiones y estatus. Jesús midió la grandeza por el servicio. Eso es todo. ¿A cuántas personas has servido hoy, en esta semana, durante te vida? ¿Es el servirles a otros, una prioridad en tu vida?

Los grandes pensadores de prácticamente toda perspectiva filosófica han reforzado esta verdad desde que Jesús caminó por este mundo.

Nadie es inútil en este mundo mientras pueda aliviar un poco la carga de sus semejantes.

—CHARLES DICKENS

El servicio es la renta que pagamos por vivir. Es el mero propósito de la vida y no algo que hacemos en nuestro tiempo libre.

—MARIAN WRIGHT EDELMAN

No hacer nada por los demás es lo mismo que deshacer lo que hemos forjado en nosotros mismos.

—HORACE MANN

Cada quien puede ser grande porque cada quien puede servir. No tienes que tener un título universitario para servir. Ni siquiera tienes que hacer concordar el sujeto con el verbo para servir . . .

—MARTIN LUTHER KING JR.

El destino supremo del ser humano es servir.

—ALBERT EINSTEIN

No has empezado a vivir hasta que no hayas hecho algo por alguien que nunca te lo retribuirá.

—JOHN BUNYAN

ADQUIERE UNA SANA AUTOESTIMA

El darle nuestra espalda a una vida de servicio es darnos la espalda a nosotros mismos. El servicio es una parte esencial de nuestra identidad como seres humanos, y el hacer caso omiso a nuestra habilidad de servir a los otros es una de las formas más seguras de llegar a la miseria y a una vida de desesperación en silencio. Esto no puede ser demostrado de una forma más patente que viendo la forma en que se desenvuelven muchos jóvenes en la cultura de hoy día.

He notado que hoy en día estamos promoviendo entre los jóvenes de hoy un egocentrismo que puede paralizar completamente el espíritu humano. Lo que voy a describir *no es cierto* para *todos* los jóvenes, y por supuesto que esto se da en varios grados, pero aplica a un número suficiente como para que empecemos a cuestionar algunas de nuestras suposiciones.

Cuando los niños nacen, los cuidamos y protegemos y los mimamos. Esto por supuesto es normal ya que ellos no lo pueden hacer por sí mismos y por tanto necesitan a alguien que lo haga por ellos. Pero al ir creciendo, los complacemos demasiado y los malcriamos. Constantemente les decimos lo lindos que son. Les compramos lo que quieren para que no hagan una escena y con frecuencia les permitimos salirse con la suya y eludir las consecuencias de un comportamiento deficiente. Tal vez es que sentimos algo de culpa por no pasar suficiente tiempo con ellos. Tal vez simplemente no tenemos la energía. O tal vez recordamos nuestra niñez y nos parece que la forma en que nos criaron era demasiado estricta. Pero el resultado es que, al perder estas pequeñas, pero valiosas oportunidades de formar el carácter, estamos privándolos de algo esencial. Antes de que nos demos cuenta, han llegado a la pubertad y sus hormonas andan enardecidas. Esto parece representar un mayor reto aun, y hay momentos en los que lo único que queremos es mantener la paz, así que toleramos arrebatos y otros comportamientos que normalmente no toleraríamos. Les damos su espacio y nos decimos que es simplemente una etapa. Ahora están en los últimos años de secundaria y les decimos que se concentren en sus asignaciones escolares para que puedan ingresar a una buena universidad. Ellos explotan por esto de cualquier modo posible—admitámoslo, tú y yo también lo haríamos—entonces nos explican que están bajo presión con su trabajo académico y otros compromisos, y confiamos en lo que nos dicen, dándoles más libertad y menos responsabilidades dentro del contexto de la familia y de la comunidad. Finalmente los enviamos a la universidad. Para entonces están totalmente adoctrinados por la cultura filosófica de que "nunca jamás tendrás en la vida cuatro años como estos, así que disfrútalos al máximo. Este es el tiempo para divertirte. No lo desperdicies". Algunos utilizan este tiempo bien, pero muchos otros no, y tarde o temprano la mayoría llegan a graduarse. Sin embargo, han sido entrenados a centrarse en ellos mismos. Nosotros los hemos formado así. Entonces no deberíamos sorprendernos si a veces parecen estar interesados sólo en sí mismos, absortos en sus propias cosas, y por ende, incapaces de reconocer las necesidades de los otros.

Al mismo tiempo, escuchamos decir a educadores, padres y orientadores que los jóvenes están sufriendo de niveles cada vez más bajos de autoestima. ¿Por qué? ¿Qué es aquello que hará que los jóvenes se sientan a gusto consigo mismos? No es la ropa de marca de reconocidos diseñadores ni irse de vacaciones a los lugares ideales todos los años. Esa sensación ni siquiera proviene de salir muy bien en los exámenes o de lograr un excelente desempeño en el campo de juego. El aplomo puede que venga de estas cosas, pero la autoestima y el aplomo no es lo mismo. Entonces, ¿cuál es la fuente de la autoestima?

El tener una sana autoestima, en otras palabras, una valoración positiva de uno mismo, está directamente vinculado con el sentirse capaz de contribuir, y al contribuir la autoestima se potencia. Ponemos tanta energía en lo que nuestros hijos se van a poner o lo que van a lograr y en comparación, tan poca energía en ayudarles a comprender quiénes son y por qué ellos son tan importantes para nosotros. Parecemos estar obsesionados con que ellos se sientan parte del grupo y virtualmente dejamos al margen su legítima necesidad de sentirse a gusto sin más compañía que la de sí mismos.

Hemos traicionado a los jóvenes al no inculcarles una adecuada comprensión de la importancia del servicio en la ecuación de la felicidad humana. No les hemos enseñado a servir. Los hemos entrenado a enfocarse en lo que pueden ganar en vez de encauzar sus esfuerzos a dar lo que están llamados a dar. La única razón válida que puedo encontrar para este error es que nosotros mismos hemos perdido de vista el enorme rol que el servicio tiene para alcanzar una felicidad duradera en la vida. Pero, en realidad, probablemente tiene que ver con limitaciones prácticas, como el hecho de que en la mayoría de las familias hoy día, ambos padres trabajan.

Con demasiada frecuencia, como sociedad, nos enfocamos en las ventajas personales que podemos sacar de determinada situación. Con demasiada frecuencia los derechos de los individuos se reconocen a expensas del bien común. Con demasiada frecuencia abogamos por la autodeterminación y pasamos por alto el hecho de que nuestros destinos están ligados. Con demasiada frecuencia permitimos que sea el interés personal el que dirija nuestro corazón, nuestra mente y nuestro espíritu e ignoramos las necesidades de los que tenemos a nuestro lado.

———

La octava lección:

ESTÁS DONDE ESTÁS CON UN PROPÓSITO. ENFÓCATE EN ÉL.

Enfocarte en lo que tienes que hacer aquí, donde estás ahora, es el camino para descubrir tu misión en la vida y para adquirir una sana valía de ti mismo.

Cuando era niño, mis papás me enseñaron que nunca debía ir a la casa de alguien sin llevarle un presente. Pero esta es una lección de vida, no de etiqueta. Llevar flores o una botella de vino son opciones habituales que muestran buena educación, pero un elogio y una oración también son regalos en la vida. Cada vez que nos encontramos con una persona, le deberíamos dar un regalo. Nuestros regalos no necesitan comprarse a un costo alto. De hecho, los mejores regalos son aquellos que ni siquiera se compran. Tal vez necesitamos darles unas palabras de aliento o simplemente desearles un buen día. De esta forma real, repetitiva y práctica, nos entrenamos a poner nuestro foco en aquello para lo cual estamos aquí.

En momentos de tranquilidad, cuando nos encontramos solos sin más compañía que la de nuestros pensamientos y memorias, todos necesitamos, sin importar nuestra edad, sentirnos bien respecto a nosotros mismos. Es nuestra responsabilidad como individuos hacer lo que necesitemos para sentirnos bien respecto a nosotros mismos en estos momentos de quietud. Es a esta audiencia, de un solo integrante no más, a la que tenemos que convencer de que estamos empleando nuestras vidas de una forma que vale la pena. Necesitas ser capaz de verte directamente a los ojos cuando te miras en el espejo y admirar a esa persona a quien ves. Nota que no dije ser capaz de verte en el espejo. Va a haber siempre algo que no nos gusta o que quisiéramos cambiar respecto a nuestra apariencia física, pero debes poder verte a los ojos y sentir gusto por lo que eres.

La autoestima es esencial para descubrir el sueño de Dios para tu vida y para lograr una felicidad duradera. El servicio es la forma más segura de construir una percepción sana respecto a uno mismo, pero debemos discernir a quién y en qué servimos. Este discernimiento viene de poner en práctica las nueve lecciones en nuestra vida. Si aislamos una sola lección, en lugar de ayudarnos a llegar a ser la mejor versión de nosotros mismos, el hincapié excesivo puede ser más bien contraproducente y llevarnos a una distorsión de nuestro carácter. El enfocarnos en aquello para lo cual estamos aquí es una forma de desarrollar la autoestima y felicidad duradera en nuestras vidas, pero es sólo una de las que propongo. Revisemos por un momento las lecciones que hemos discutido hasta ahora:

1. Celebra tu progreso.
2. ¡Simplemente haz lo correcto y hazlo ahora!
3. Primero, el carácter.
4. Descubre lo que te apasiona y hazlo.
5. Vive lo que crees.
6. Sé disciplinado.
7. Simplifica.
8. Estás donde estás con un propósito. Enfócate en él.

Cada una de estas lecciones, cuando las aplicamos a los momentos y decisiones prácticas de nuestra vida, contribuyen a desarrollar un sentido sano y equilibrado respecto a nosotros mismos y una profunda relación con Dios. Estos puntos también te conducirán a gozar de mejores relaciones con aquellos que amas.

A medida que pasa el tiempo y que empiezas a aplicar estas lecciones en tu vida, aprenderás a ver lo bueno y lo malo, lo fuerte y lo débil, lo dispuesto y lo reticente en ti mismo. Al ir creciendo como persona, ayudarás a otras a ver y vivir estas lecciones también. De hecho, entre más le enseñes a los otros a vivir estas lecciones, más capacidad tendrás de aplicarlas en tu propia vida. Y también, como pasa aun en estas lecciones de vida, el mejor resultado no se logra cuando nos enfocamos en nosotros mismos, sino cuando volvemos nuestra gentil mirada hacia los otros y nos preguntamos: "¿Cómo puedo ayudar a esta persona a llegar a ser la mejor persona que puede ser?"

Helen Keller observó: "Muchas personas tienen ideas e-rróneas respecto a lo que constituye la verdadera felicidad. No se obtiene complaciéndonos, sino a través de ser fieles a un propósito que vale la pena". Y mientras esperamos que ese valioso propósito se revele a sí mismo, busquemos una forma de servir que sea apropiada donde estamos ahora. El servicio persuadirá a la misión de revelarse a sí misma con más efectividad, como nada más puede hacerlo.

Contribuye o perece—este es uno de los principios fundamentales que rigen el universo. Lo observamos de mil formas en la naturaleza, y lo atestiguamos en las vidas de las personas. La pregunta que debemos plantearnos es: ¿Cuál debe ser mi contribución?

El encontrar tu misión en esta vida es a la misma vez simple y complicado. Requiere tanto empezar inmediatamente como esperar pacientemente. Es simple porque en pocos momentos de reflexión podemos descubrir cosas que podemos realizar hoy que nos ayudarán a ser más plenamente nosotros mismos. Es simple porque las necesidades de otras personas con frecuencia son obvias, y nuestra habilidad para ayudarles en esa necesidad es enorme. Pero también es complicado porque hay tantas necesidades y no podemos atenderlas todas. Es complicado porque percibimos que tenemos un rol específico que desempeñar. Comienza hoy haciendo lo que puedas con lo que tengas, en donde te encuentres. Enfócate en aquello para lo cual estás aquí, en este momento, y la misión única que tienes a cargo se te revelará a su debido tiempo.

Aplicando la octava lección:

ESTÁS DONDE ESTÁS CON UN PROPÓSITO. ENFÓCATE EN ÉL.

Pondré en práctica la octava lección para descubrir el sueño de Dios en mi vida, a través de los siguientes pasos:

1. Buscaré proactivamente mi misión en la vida de estas cuatro formas: Escogiendo la mejor versión de mí mismo en cada momento, haciendo lo que pueda donde sea que me encuentre, para ayudar a otros a celebrar lo mejor de sí y para hacer del mundo un mejor lugar, explorando cómo mis talentos y pasiones pueden ponerse al servicio de las necesidades de los demás y escuchando la voz de Dios en mi vida.

2. Voy a estar atento a las necesidades de otros, tanto en mi comunidad local como en los lugares que nunca he de visitar. Usaré una porción de mi tiempo, de mis talentos, y de mi patrimonio para atender a las necesidades de los otros y aliviar el sufrimiento en el mundo.

3. Desarrollaré un sentido sano de mi propia valía al asumir mi mayor talento—mi habilidad de hacer la diferencia en las vidas de otras personas. Recordaré que cada oportunidad de servir es al mismo tiempo una oportunidad de crecer en virtud. Asimismo, tendré cuidado de no perderme en las insaciables necesidades de los otros y me aseguraré de tener tiempo para cubrir mis necesidades legítimas—a nivel físico, emocional, intelectual y espiritual.

4. Me enfocaré en lo que pueda hacer aquí y ahora, dejándome de enfocar en la siguiente pregunta: "¿Qué hay aquí para mí?" y

en lugar de eso, poner mi atención en esta otra: "¿Cómo puedo servir?" Cada mañana mientras me ducho o me alisto para ir al trabajo, me preguntaré: "¿A quién puedo alegrarle el día hoy?"

Nueve

¿Por qué preocuparse?

Cuando era un adolescente, mi dormitorio estaba apenas a unos pasos, en el mismo pasillo, de donde estaba el de mi hermano Andrew. Cuando cumplió trece años le dieron un equipo de sonido que era capaz de hacer más ruido que todos los aparatos que había en la casa funcionando juntos. Y como si fuera poco, en aras de reafirmar su estatus de hermano mayor en la casa, ponía su música no alta, sino estridente, para que todos la escucháramos, o sufriéramos. Una de sus bandas favoritas era el grupo británico, *Dire Straits*. Solía escuchar el álbum *Brothers in Arms* (*Compañeros de armas*, en español), una y otra vez. Al principio Dire Straits me era indiferente, pero años después cuando empecé a viajar, me encontraba de pronto tarareando algunas de sus canciones. Inclusive un día me compré ese mismo álbum en una de las tiendas de música de un aeropuerto. Menciono todo esto porque la última pieza del álbum se llama "*Why Worry*", que significa "*¿Por qué preocuparse?*". Y la preocupación es el obstáculo final para alcanzar una felicidad duradera. La canción habla de que los problemas de nuestra vida y los conflictos que enfrenta el mundo son inevitables. También nos habla de la esperanza que nos alienta mientras atravesamos momentos oscuros de nuestra vida. Tiene que haber risas después del dolor, tiene que brillar el sol después de la lluvia. Siempre han sido así, así que ¿por qué gastamos tanto tiempo y energía consumidos en la preocupación?

¿DE QUÉ NOS PREOCUPAMOS?

Deja este libro por unos minutos y haz una lista de todas aquellas cosas por las que te has preocupado en tu vida. Simplemente escribe—las cosas por las que te preocupabas cuando eras niño, cuando cursabas la secundaria y la universidad, en tus relaciones, tus preocupaciones profesionales y financieras, las que tienen que ver con tu salud y bienestar, y con aquellos que amas. También incluye las cosas que te preocupan con respecto a encontrar ese delicado equilibrio entre aceptarte por lo que eres y retarte a alcanzar todo aquello de lo que eres capaz. Escríbelo todo. No tienen que estar en un orden específico; simplemente escribe.

Nos preocupamos por muchas cosas, ¿verdad? Sé que yo lo hago. A veces ya me he acostado y mi mente anda aún acelerada con lo que necesito hacer, o lo que necesito comunicarles a otras personas. Luego comienzo a construir diferentes escenarios de cómo una situación en particular podría desarrollarse. Y porque, según había admitido con anterioridad, yo tiendo a ser negativo, antes de que te des cuenta, me he metido en una camisa de once varas. Tengo entonces que hacer un esfuerzo consciente y decirme: "¡Basta! Estoy imaginando todos estos escenarios; no son reales". Hago esto recordando que, en el pasado, las situaciones nunca habían tenido un desenlace como el que yo había considerado.

No sé si lo has notado, pero en muy, muy raras ocasiones las cosas salen de la forma en que pensábamos. Y la forma en que pensamos que van a salir las cosas es la fuente de nuestra preocupación. Entonces, ¿por qué preocuparse? La razón por supuesto es que queremos estar en control. La preocupación nos crea el espejismo de que tenemos algunos elementos bajo nuestro control. La preocupación no nos soluciona nada, pero al preocuparnos nos convencemos a nosotros mismos de que estamos haciendo algo respecto a la situación que está enteramente fuera de nuestro control. La realidad es que en la mayoría de los casos tenemos muy poco o ningún control sobre aquello por lo cual nos preocupamos. Si tuviéramos control sobre eso, actuaríamos. Es el no poder hacer nada al respecto lo que usualmente nos hace sentir preocupados.

Preocuparnos es engañarnos a nosotros mismos. La preocupación surge a menudo de nuestra renuencia a admitir que somos impotentes ante cierta situación o circunstancia. Nuestra desesperación por mantenernos en control es un indicador de que no estamos plenamente convencidos de que Dios nos ama, de que proveerá y sobre todo de que nos ha salvado. En mayor o menor grado, todos los intentos de controlar las situaciones, a las personas y a nosotros mismos son expresiones desproporcionadas de una creencia errónea de que nosotros necesitamos salvar a los demás y a nosotros mismos. No es así. Ese trabajo ya ha sido consumado.

Pero el decirle a la gente que no se preocupe es como decirle que no piense en un elefante blanco. ¿Cuántas veces oigo a la gente decir: "Preocuparse no sirve de nada" o "El preocuparse no va a cambiar nada"? Aunque estas palabras sean muy ciertas, no habilitan a la gente para dar la vuelta y decir: "Tienes toda la razón. No me preocuparé más".

Las situaciones que nos hacen sentirnos nerviosos o incómodos y las circunstancias dolorosas son una parte inevitable de la experiencia humana. Cada uno de nosotros debe encontrar una forma de mantener la paz interior en medio de estas coyunturas. De otra forma, la preocupación será el ladrón que nos roba la serenidad junto con cualquier posibilidad de una felicidad duradera.

Hace varios años estaba yo en la iglesia escuchando un mensaje de Navidad cuando unas palabras me impactaron tremendamente. Desde entonces en muchas ocasiones han sido el foco de mi reflexión, porque nos hablan de algo con lo que todos nos debatimos, y tal vez algo con lo que yo lucho más que la mayoría. Estas fueron las palabras que me calaron esa noche: "Sentimos temor porque no sabemos *cómo* van a salir las cosas, pero las cosas *van* a salir bien".

Mientras pienso en todas aquellas cosas por las que he pasado horas eternas preocupándome, veo que nunca salieron de la forma en que creí, pero salieron bien. Hace muchos años estaba comprometido con una chica maravillosa, pero por varias razones el asunto no funcionó y rompimos nuestro compromiso. Recuerdo que me sentía profundamente triste y confundido. Me sentía en medio de un desastre. Con el pasar del tiempo, he llegado a tener muy claro que nuestras vidas se encontraron por una razón, pero esa razón no era unirnos en matrimonio. Si nos damos un tiempo para acordarnos de las cosas que han sido la fuente de nuestra preocupación, descubriremos que raramente resultan como creíamos que iban a hacerlo, pero resultan bien.

No quiero pretender que no experimentamos problemas, dolor y muerte, porque todo esto es real. Son, no obstante, parte de la vida, parte del trayecto, y parte del proceso de llegar a ser plenamente tú. Los sufrimientos, los retos y los problemas son necesarios para nuestro crecimiento. Sin dificultades, es tan fácil volvernos engreídos y satisfechos con nosotros mismos. Es triste admitirlo, pero es cierto. Cuando las cosas no van bien, tendemos a centrarnos más en Dios y en aquello en lo que Él nos invita a enfocarnos.

La preocupación es una de las barreras psicológicas que debemos aprender a manejar si queremos experimentar una felicidad duradera. No es una de esas cosas que podemos superar de una vez por todas. Es similar a una adicción, que debe ser superada día a día, resolviendo una situación a la vez, y cuando las cosas van muy mal, momento a momento.

Pero Jesús tenía claro que toda nuestra preocupación y ansiedad no podía cambiar nada (cfr. Mateo 6:27).

Como lo hemos discutido anteriormente en este libro, no hay soluciones o respuestas fáciles al luchar con la preocupación. Este es un trabajo del alma, y el trabajo del alma toma tiempo y esfuerzo constante. No obstante, hay algunos pasos prácticos que podemos dar para evitar sentirnos paralizados por la preocupación, los cuales promueven también un mayor sentido de paz interior y felicidad duradera.

ESTE ES EL PROBLEMA

¿"La vida es dura". Ésta es una verdad simple y evidente que impulsó a Scott Peck al escenario mundial. Cuando reflexionamos en esas palabras, quizás nos parece un eufemismo de algo que es bastante obvio, pero en el momento en que él escribió estas palabras al final del siglo XX, la gente estaba embriagada de la exuberancia de la paz y de la prosperidad que se vivía en el mundo occidental y había empezado a pensar que la vida era o debería ser fácil.

Los problemas son algo inevitable en el matrimonio, en una carrera o empresa y en la salud y el bienestar. Y aun así frecuentemente parecemos estar en shock, y nos quedamos estupefactos, atónitos y en general sorprendidos cuando surgen. Nos engañamos a nosotros mismos al convencernos de que no nos pasarán a nosotros, sólo a otras personas. A nivel subconsciente, siempre albergamos la expectativa de que la vida se desenvolverá sin ningún problema. Intelectualmente sabemos que los problemas son inevitables, y aun así pasamos gran parte de nuestra vida tratando de evitarlos, pretendiendo que no existen, o sorprendiéndonos cuando hacen un cameo en nuestras vidas.

No estoy sugiriendo que deberíamos ir buscando problemas. Me gustaría sugerir, sin embargo, que los problemas tienen un lugar en nuestras vidas. A veces ocurren por razones que son obvias en ese momento y otras veces por razones que toman años en esclarecerse ante y dentro de nuestro ser. La forma en que lidiamos con los problemas inevitables en nuestra vida puede afectar el nivel de felicidad que experimentamos a diario. Si tratamos cada contratiempo como una gran crisis, entonces constantemente vamos a andar muy tensos. Por ejemplo, yo viajo bastante. Mi equipo de trabajo y mis amigos te pueden decir que me gustan las cosas de cierta manera. Me gusta la organización y como le pasa a la mayoría de la gente, me gusta lo que me gusta. Pero cuando andas de viaje, estás a merced de un gran número de circunstancias más allá de tu control. Entonces, tengo que sentarme, tranquilizarme y adoptar una actitud de que "voy con la corriente", de lo contrario, permitiría que lo más mínimo me ponga tenso, lo que es agotador y me arrebata mi capacidad de experimentar gozo.

La mayoría de los asuntos por los que me preocupo no conllevan absolutamente ninguna consecuencia. Sospecho que es lo mismo para mucha gente. Visto en el contexto más amplio, son asuntos irrelevantes. En muchos casos es simplemente una cuestión de preferencia. Pero una vez que me he comenzado a poner tenso, si alguien me dice que necesito relajarme, me pongo aún más tenso. Me irrita. Sé que tienen razón. Sé que me estoy torturando porque tenía la falsa expectativa de que todo iba a desenvolverse a mi manera. Pero como ya lo he mencionado, las situaciones casi nunca salen como esperábamos. Realmente son nuestras expectativas las que nos torturan. ¿Quién crea estas expectativas? Nosotros mismos. Escogemos nuestras expectativas. Escogemos volvernos locos.

Todos los días surgen problemas. El doctor estaba atrasado, y tuviste que esperar una hora. Tu vuelo se canceló. Tu hermana se enfermó, y entonces tuviste que tomarte el día libre para cuidarla, pero también tienes un proyecto inmenso que terminar. Tu hermano y tu hermana están discutiendo algo importante y ambos te quieren involucrar para que tomes partido. Acabas de terminar una relación y estás dudando de tu decisión . . .

Cada persona tiene formas distintas de responder a los problemas de la vida diaria. Algunos los evitan. Otros los magnifican más allá de toda proporción. Se permiten sentirse completamente abrumados diciéndose que enfrentan problemas enormes, cuando realmente los han inflado en su imaginación. Otros buscan problemas. Encuentran su identidad por medio de sus problemas y escogen el rol de víctima. Cuando te los encuentras y les preguntas cómo están siempre tienen algún problema o están lidiando con alguna enfermedad. Otros parecen andar a zancadas con sus problemas a cuestas, siempre con cara larga. Otros al enfrentar problemas, se cierran por completo y no pueden funcionar. Y luego están unos cuantos que parecen responder a cualquier problema, grande o pequeño, con una paz que calma a todos. Son capaces de enfrentar sus problemas, evaluar la situación, y comenzar a trabajar en ellos.

Los problemas son oportunidades para construir el carácter. Los problemas con los que nos enfrentamos a diario nos brindan la posibilidad de abandonar nuestro ego y los caprichos que pasamos consintiendo, para crecer en flexibilidad y paciencia. La historia y el tiempo nos han probado que los problemas constituyen un camino de crecimiento personal. Los períodos más significativos de crecimiento ocurren para la mayoría de las personas al enfrentarse a problemas. De hecho, la mayoría de las personas ignoran su necesidad de crecimiento hasta que le hacen frente a determinadas situaciones. Con frecuencia los tiempos de paz y prosperidad hacen que la gente y las naciones se vuelvan letárgicas, e inclusive indolentes. Pero cuando las cosas se ponen difíciles, las personas se ponen a la altura de las circunstancias y sacan lo mejor de sí mismos.

Ha sido mi experiencia que los hombres y las mujeres pueden soportar casi cualquier cosa mientras que se vean avanzando hacia un propósito que valga la pena. Por consiguiente, la pregunta que debemos plantearnos en este momento es: ¿Tienen los problemas un propósito en nuestra vida o son simplemente un error del diseño cósmico y de la experiencia humana?

Cada problema que ocurre en nuestras vidas viene a enseñarnos una lección. Las lecciones sólo pueden entenderse en relación a nuestro propósito esencial, el cual es llegar a ser la mejor versión de nosotros mismos. Cada vez que nos enfrentemos a un problema, deberíamos preguntarnos: ¿Qué puedo aprender de esta situación? ¿Cómo puede esto ayudarme a convertirme en una mejor versión de mí mismo? ¿Cuál virtud en particular puede este problema ayudarme a desarrollar?

El sufrimiento es inevitable. Es parte de la vida. No tenemos que buscarlo, porque de muchas formas, grandes y pequeñas, el sufrimiento nos encontrará. Pero le damos sentido al verlo en relación con nuestro propósito. Un atleta soporta la dolencia del entrenamiento manteniendo su objetivo en mente. El dolor es el fuego donde se purifica y refina el oro que es nuestro carácter. No puedes evitar los problemas y el sufrimiento, pero puedes evitar las lecciones que te enseñan. En ese caso se trata de un sufrimiento desperdiciado. Sería como un hombre que va al gimnasio diariamente y pasa horas levantando pesas, pero no conoce la forma correcta de hacer cada ejercicio. Invierte horas, sufre, suda, pero está en peor condición de la que empezó porque se hizo daño a sí mismo.

Entonces añade esto a la lista de cosas de las cuales tienes absoluta certeza: habrá problemas. La naturaleza y el alcance de los problemas que enfrentamos van a variar día con día, año con año, pero cada día te encontrarás con situaciones que no te gustan y que no se desarrollan como a ti te gustaría. Entonces ahora que sabemos que los problemas son inevitables, deberíamos empezar a prepararnos para que cuando lleguen, respondamos con calma y paciencia.

El problema no es que existen problemas. El problema es que no nos preparamos suficientemente para los problemas que sabemos que vamos a enfrentar inevitablemente. Sabemos que viene la tormenta. Quizás no sepamos cuándo va a llegar exactamente o cómo se ve, pero sabemos que vendrá. La mejor forma de prepararnos para las tormentas de la vida es construir nuestro carácter, una virtud a la vez.

Si quieres conocer a alguien, conocerlo realmente, no te formes una opinión de esa persona por lo que diga o haga mientras viva en paz y prosperidad. Es muy fácil ser amable y paciente cuando se tiene el viento a las espaldas. Se sabe que las circunstancias no hacen a una persona, revelan a la persona. Tomás de Kempis escribió: "Los tiempos de adversidad muestra quien es más virtuoso. Los acontecimientos no hacen a un hombre frágil, pero muestran abiertamente lo que es".

HAZTE CARGO DEL PRESENTE, CREA EL FUTURO

La clave aquí es el actuar de forma serena y sensata. La conmoción interior con frecuencia se suma a la conmoción exterior que los problemas traen a nuestra vida. Con el fin de lidiar con los problemas de la forma más beneficiosa, necesitamos paz interior y serenidad. De esa paz interior emana la capacidad de actuar con calma. ¿Alguna vez has notado que durante una crisis algunas personas son capaces de mantener la calma, evaluar las circunstancias objetivamente, proponer una solución, dirigir la gente y estimular y participar en una respuesta serena y moderada? También vale la pena notar que aquellos que actúan de esta forma son a veces los que menos esperas que puedan hacerlo. Alguien que previamente considerabas callado, tímido e inclusive un tanto extraño a nivel social puede, de un momento a otro, mostrarse como alguien con gran capacidad y confianza para resolver problemas. La razón es que por años ha estado desarrollando una profunda reserva de serenidad interior, tan profunda que la agitación externa no puede perturbarla. La serenidad interior nos da la capacidad de actuar con calma.

El actuar tranquilamente nos permite manejar el presente con efectividad y crear el futuro. La serenidad interior y la claridad son cruciales para poder actuar con calma. Entonces exploremos cómo podemos comenzar a crear esta serenidad interior.

Nuestras vidas se mueven a un ritmo tan incesante, propio de la época moderna, que rara vez nos detenemos a reflexionar antes de tomar decisiones en nuestra vida diaria. Entre más rápidas y ajetreadas se tornan nuestras vidas, más dependemos de nuestras respuestas condicionadas. Al decidir, por ejemplo, qué vamos a comer o a tomar, delegamos frecuentemente la decisión a un hábito ya formado. Esta es una simple ilustración de cómo respondemos a ciertas situaciones de la vida diaria. Si algo no se desarrolla como nos habría gustado, tal vez le gritamos a alguien o damos un portazo, o tal vez respiramos profundamente y comenzamos a hablar con calma mediante planes de contingencia. Cualquiera que sea nuestra respuesta, probablemente ha sido puesta en práctica mil veces antes. No es que nos sentamos a pensar en lo que acaba de suceder y luego comenzamos a gritar. La forma en que respondemos a la mayoría de las situaciones de cada día es más una reacción que una respuesta razonada.

Para responder de una manera más saludable para nosotros y para los que tenemos al lado, tenemos que darnos un tiempo para reflexionar aun antes de que nos encontremos en estas situaciones. Una vez que estemos atrapados en el momento, lo más probable es que reaccionemos y no reflexionemos. Conforme pasa el tiempo y nos percatamos cada vez mejor de nuestra capacidad de mantener el control y de la forma en que típicamente reaccionamos ante diversos escenarios, comenzamos a desarrollar la habilidad de hacer una pausa (controlando nuestras respuestas condicionadas), respirar profundamente, evaluar la situación y luego responder (creando una nueva respuesta condicionada más positiva). La diferencia entre reaccionar y responder es que una reacción es siempre automática, mientras que una respuesta es específica a cada situación.

Con frecuencia cometemos el error de pensar que la pregunta es: "¿Qué debo hacer?" A veces—más a menudo de lo que crees—la pregunta es: "¿Debo hacer algo?" En ciertas ocasiones lo mejor que podemos hacer es no hacer nada.

En este libro hemos estado explorando el balance entre aceptarnos a nosotros mismos por lo que somos y asumir el reto personal de cambiar y crecer. En este contexto, el gran reto es discernir qué aspectos de nosotros debemos aceptar y cuáles debemos cambiar. Este es el mismo equilibrio que buscamos entre saber cuándo actuar y cuándo dejar que la situación siga su curso. Hay una oración que habla de este dilema y que ha trascendido las fronteras confesionales y religiosas llegando a ser una de las oraciones mayormente invocadas de nuestro tiempo. Millones de mujeres y hombres alrededor del mundo la pronuncian a diario:

> Señor, concédeme serenidad para aceptar las cosas que no puedo cambiar, coraje para cambiar las que puedo y sabiduría para reconocer la diferencia.

Este es el equilibrio que buscamos, permitiendo que la acción y la inacción coexistan. Ese es el equilibrio que permite que la serenidad, el coraje y la sabiduría cohabiten en nuestros corazones y dirijan las acciones de nuestra vida. De esta serenidad, coraje y sabiduría es que brota nuestra capacidad de actuar con calma. Pero con demasiada frecuencia nuestros corazones y nuestras vidas están llenos de inquietud en vez de serenidad, de temor en vez de coraje, y de ignorancia en vez de sabiduría.

A veces cuando estás leyendo, ciertas palabras te llegan al corazón. Resuenan con tanta profundidad en tu interior, que te hacen detenerte. Ocasionalmente cuando estoy autografiando libros después de uno de mis seminarios, alguien llega al frente de la fila con un libro que se ve bastante usado y leído. Mientras lo hojeo, descubro las frases y párrafos que ellos han subrayado. Siempre me ha fascinado ver qué palabras cautivaron su atención.

Es difícil que pase un día sin que me detenga ante unas palabras de alguna página de un libro que se asoman curiosamente a mi vida para estimularme o retarme, pero pocas veces he sido sujeto de tal frenazo en seco como cuando por primera vez leí *Cartas a un joven poeta*. Al final del año 1902 Franz Kappus, un estudiante y aspirante a poeta, le escribió una carta al reconocido poeta Rainier Maria Rilke. La carta tomó varias semanas en llegarle a Rilke quien andaba fuera viajando y trabajando, pero al recibir la carta respondió a las preguntas de Kappus con gran detenimiento y detalle. Esto fue el inicio de una gran amistad que duró más de cinco años. En su cuarta carta, Rilke escribe algo al joven poeta que habla directamente de la lucha que libramos al tratar de encontrar un balance entre discernir y decidir, entre actuar y esperar, entre el ahora y el futuro:

> Tenga paciencia con lo que no está aún resuelto en su corazón e intente amar las *preguntas por sí mismas*, como habitaciones cerradas o libros escritos en una lengua muy extraña. No busque ahora las respuestas: no le pueden ser dadas, porque no podría vivirlas. Y se trata de vivirlo todo. *Viva* ahora las preguntas. Quizás después, poco a poco, en un lugar lejano, sin advertirlo, se adentrará en la respuesta.

¡Ay, si pudiéramos aprender a amar las preguntas por sí mismas! Esto es precisamente lo que la cultura de hoy en día, adicta a la información, ha perdido, el simple amor por las preguntas y los misterios.

Tengo un diario que llamo el libro de mis sueños. Ahí anoto lugares a donde me gustaría ir, cosas que me gustaría hacer, libros que me gustaría escribir, cosas que me gustaría tener, y cualidades que me gustaría poseer. Pero también escribo ahí citas o reflexiones que me han impactado en algún momento. En una página escribí esto en letra grande: "Aprende a disfrutar la incertidumbre, el no tener un conocimiento seguro y claro de algo. La incertidumbre es un signo de que todo está bien. Dios es tu amigo y el universo es tu amigo. Ellos dos se encargarán de los detalles". Este es uno de las grandes luchas de mi corazón. Escribí esto hace varios años, cuando me percaté de que tenía mis días, mis semanas y mis meses tan planeados que había perdido la capacidad para disfrutar de la incertidumbre y para actuar con espontaneidad. Fue mi reflexión en silencio la que me permitió darme cuenta de esto y transformar este aspecto de mi vida.

Sólo permitiéndonos ese espacio en silencio es que podemos ganar la calma y la claridad para poder discernir cuando esperar pacientemente y cuándo seguir adelante con gran impulso, cuándo planear diligentemente y cuándo vivir espontáneamente. Es en la quietud de nuestro propio corazón que aprendemos cómo hacernos cargo del presente y crear apasionadamente el futuro. Es esta quietud y claridad lo que nos permite darnos cuenta de aquello a lo que estamos llamados y de lo que realmente importa.

Dios nos habla a todos en el silencio. Si aminoramos el paso lo suficiente como para escuchar a Dios que nos susurra gentilmente a través de nuestra voz interior, Él nos revelará nuestro lugar en el mundo y nuestra misión.

El encontrar nuestro lugar en el mundo y comenzar a llevar a cabo nuestra misión no es entonces más que un asunto de tiempo. Un hombre o una mujer que toma tiempo para reflexionar en silencio, buscando su lugar en el mundo no será ignorado. Primero vendrá la calma interior, luego el deseo de servir, y luego una maravillosa claridad respecto a su propósito. Guiados por la calma y la tranquilidad, comenzamos a influenciar lo que podemos influenciar, y sólo entonces es que verdaderamente nuestras acciones *tienen* un efecto.

El famoso escritor Franz Kafka lo expresó de esta manera:

No es necesario que salgas de casa. Quédate a tu mesa y escucha. Ni siquiera escuches, espera solamente. Ni siquiera esperes, quédate completamente solo y en silencio. El mundo llegará a ti para hacerse desenmascarar, no puede dejar de hacerlo, se prosternará extático a tus pies.

De toda la gente en mi vida, tengo en alta estima a aquellos que me enseñaron el valor de la quietud, del silencio y de la soledad. A través de diversos pasajes a lo largo de este libro, he tratado de transmitirte su sabiduría según tenga relevancia. No quiero ni siquiera sopesar la vida de desesperación en silencio que yo habría experimentado de no haber ellos enfatizado en la importancia de aprender a estar a gusto en nuestra propia compañía y de abrirse al silencio y a la quietud.

Si podemos descubrir quiénes somos realmente y para qué estamos aquí, podemos llegar a ser plenamente nosotros mismos, a pesar del ruido y de la confusión del mundo. Tan a menudo como sea posible, sería sensato apartarse de todo y reconectarse, en el salón de clases del silencio, con Dios y con su visión para nosotros. Son estos espacios en silencio, quietud y soledad que nos permiten darle sentido a todo lo que conforma nuestra vida. Es extraordinario contar con estos amigos: el silencio, la quietud y la soledad que te traen un regalo, la capacidad de actuar con calma.

EL RELOJ DE LA OPORTUNIDAD

¿En qué estarían pensando cuando le llamaron "alarma" al sonido del reloj despertador? Alarma sugiere susto, angustia, caos, confusión y una catástrofe inminente. ¿Quién quiere despertarse a todo eso cada mañana? Hace unos meses estaba yo en una cena con Ken Blanchard y otros cinco o seis líderes de empresas cuando Ken sugirió que en lugar de alarma se debería decir oportunidad y por ende al reloj, le deberíamos llamar el reloj de la oportunidad. Eso me gusta. Cada día está rebosante de oportunidades, pero con frecuencia permitimos que el comportamiento reactivo se nos adelante. La alarma suena y nos levantamos. El teléfono suena y lo contestamos. Y así con todo. Este tipo de vida reactiva permite que nuestra vida sea tomada de rehén por quien sea y lo que sea que grite más.

Desde el momento en que nos despertamos por la mañana, tenemos que hacernos cargo del día. Es entonces cuando necesitamos disponernos a "ir con la corriente" y así evitamos que los problemas inesperados del día nos hagan tropezarnos, pero también es cuando hay que establecer la dirección y la agenda del día.

Soy una mejor persona cuando empiezo mi día pausadamente. Todos tenemos un yo reflexivo y un yo orientado a la tarea. ¿Cuál crees que se despierta primero? El orientado a la tarea quiere que empecemos a correr haciendo cosas desde el primer minuto en que nuestros pies tocan el suelo. La mayoría de la gente se deja llevar tanto por el yo orientado a las tareas que puede ser media mañana o aun media tarde antes de que se percaten de que su yo reflexivo vive en ellos. El primero se encargará de realizar el trabajo, pero si no consultamos con el yo reflexivo, puede ser que llegue la noche y nos demos cuenta que hemos llenado el día de todas las cosas equivocadas. Parecían urgentes, pero no eran realmente importantes.

El yo orientado a las tareas sacrificará el tiempo que destinas a hacer ejercicio para contestar correos electrónicos que pueden esperar. El yo orientado a las tareas se saltará el almuerzo y pasará goloseando con el fin de hacer un poco más de trabajo. El yo orientado a la tarea le restará importancia a tu espacio para reflexionar en silencio, diciéndote: "Tú no tienes tiempo para esto. Tú tienes mucho que hacer".

Necesitas empezar el día a paso lento. Acuéstate media hora antes y levántate media hora más temprano. Tómate un tiempo para leer y reflexionar. Te sorprenderá ver cómo esto cambia tu perspectiva y tu energía en el día. Este es el camino que te lleva a actuar tranquilamente.

Cada mañana antes de salir de mi casa, necesito reconocer todo aquello por lo que doy gracias. Cuando no me tomo el tiempo para conectarme con ese sentimiento de gratitud, estoy de malas. Para mí, el nivel de gratitud es un buen indicador de mi salud mental, corporal y espiritual. Si estoy agradecido, nada me molesta; las pruebas e inconvenientes que surgen a diario parecen ser pan comido. Pero cuando pierdo la gratitud interior, las cosas más insignificantes me sacan de quicio. No, perdón. Lo replantearé: Cuando pierdo la gratitud interior, *yo permito* que las cosas más insignificantes me saquen de quicio. Entonces uno de mis rituales matutinos involucra darme un espacio para reconocer aquello por lo que estoy agradecido. Hay momentos cuando el reloj de la oportunidad suena y no quiero levantarme. Este es un momento crítico, cuando experimentamos la primera victoria o la primera derrota del día. En ese mismo momento, el cuerpo y el espíritu se debaten para ganar el control del día. De vez en cuando me he dicho: "Simplemente haré mis ejercicios de gratitud aquí acostado". Otros días cuando el yo orientado a las tareas toma el control, me digo a mí mismo: "Haré mis ejercicios de gratitud mientras me ducho o mientras manejo a la oficina". Eso es un engaño a nosotros mismos. Mientras tanto, nuestra voz interior nos susurra: "Eres siempre más feliz y tienes un mejor día cuando te das diez minutos para sentarte en silencio y hacer los ejercicios de gratitud". Pero debo admitir que hay días en que ignoro esa voz aun cuando nunca me ha llevado por mal camino.

Debes estar preguntándote en qué consisten los ejercicios de gratitud. Son muy simples. Comienzo con una lista, en la que anoto las personas, las cosas y las oportunidades por las que estoy agradecido. ¿Qué hay en esa lista? Mi familia, amigos, salud, alimentos, ropa, mi casa, mi carro, dinero, trabajo significativo, mi equipo de trabajo, mis audiencias, mi oficina, nuevas oportunidades, sueños, fe, libros, música, mis talentos y habilidades, viajes, naturaleza y así por el estilo.

Quieto y en silencio, comienzo a reflexionar en cada uno de esos puntos, permitiendo que las bendiciones pasadas y las posibilidades futuras converjan dentro de mí. De vez en cuando me asaltan pensamientos negativos y tratan de sacarme de mi meditación de gratitud, pero cuando me percato de ello, trato de volver al punto en donde estaba.

También llevo esa lista en mi billetera, de tal forma que, si empiezo a ponerme irritable, inquieto o descontento, tomo un par de minutos y la uso para centrarme de nuevo en un estado de gratitud. La gratitud es realmente importante para mí. Es la piedra de toque. Para ti puede que sea algo distinto, pero mi experiencia me ha llevado a creer que cuando partimos de un estado de gratitud, todo brilla un poco más.

Hace más de diez años, en uno de mis primeros libros, escribí: "El gozo es un fruto del aprecio". Sigue siendo una de mis frases más preciadas y con frecuencia la uso en las dedicatorias de los libros. Si realmente buscamos esa felicidad duradera, el gozo permanente del cual hemos venido hablando, busquemos un lugar en nuestros rituales diarios para recordarnos todo aquello por lo que podemos dar gracias. En gratitud, nuestros corazones danzan de gozo.

La novena lección:

BUSCA PACIENTEMENTE LO BUENO EN TODOS Y EN TODO

Algunas personas parecen tener una mayor disposición natural para ver lo bueno que otras, y de nuevo, tengo que admitir que yo no soy uno de ellos. Un aspecto de mi trabajo es observar a las personas y a la sociedad y evaluar qué es lo que no está funcionando en la vida de la gente y en nuestra cultura. El riesgo aquí es que puedo caer en el hábito de pasar por alto lo que es bueno y maravilloso. Cada día tengo que recordar que a pesar del sufrimiento y la angustia que nos infligimos a nosotros mismos y a los demás, la vida es impresionante y el mundo es realmente maravilloso. No es siempre fácil ver lo bueno cuando las cosas no van como quisiéramos o cuando las personas nos hieren profundamente. Y aun así, con todo y sus dificultades y angustias, la vida vale la pena vivirse y generalmente nos ofrece la posibilidad de encontrar aquello que buscamos. Aquellos que consideran que la gente es primordialmente bondadosa parecen ser más felices que aquellos que difieren. Aquellos que creen que van a pasarle cosas buenas son en general más dichosos de los que no lo creen. Y, lo que es más, lo bueno tiende a sucederle a la gente que cree que lo bueno les va a suceder. El problema de buscar lo bueno en todos y en todo consiste en que no siempre lo encontrarás. Una cosa es tener un espíritu optimista, pero es algo completamente diferente ignorar el hecho de que existe el mal en el mundo.

Hay eventos que parecen ser completas manifestaciones de odio y de maldad. La mayor parte de estas situaciones son diabólicas y desprovistas de todo bien. No pretendamos otra cosa. Cuando el mal visita nuestras vidas o las vidas de las personas que amamos y que dependen de nosotros, no hay ningún beneficio en apoyarse en la noción equivocada de que ha pasado por una buena razón. Puede ser que algo bueno emerja de estas horribles situaciones, pero eso será sólo porque personas buenas restaurarán la esperanza y el amor en las vidas de los que han sido dañados por el mal. Deberíamos evitar la tentación de endulzar la realidad del mal cuando la enfrentamos. Afortunadamente, la mayoría enfrentamos situaciones de esta magnitud en muy raras ocasiones.

Pero en una cultura como la nuestra que es excesivamente de crítica y analítica, a menudo nos precipitamos a señalar lo negativo en las situaciones y en la gente. La novena lección nos anima a tomar las cosas con más calma y a celebrar lo bueno en todas las personas y en todos los extentos.

Una de las formas prácticas en que podemos vivir la novena lección ocurre cuando nos encontramos en una situación de choque de ideas, opiniones y expectativas. La próxima vez que estés en un argumento o desacuerdo con alguien, trata de identificar tres cosas con las que estás de acuerdo antes de expresar tu desacuerdo, comienza por referirte a los aspectos que tienes en común con la persona que estás discutiendo. Con gran frecuencia nos precipitamos a juzgar, corremos a pelear y pasamos por alto toda la base común que compartimos. Lo veo en el ámbito empresarial y en el político; en las iglesias y en las escuelas. Estamos constantemente tratando de sacar la basurilla de los ojos de otras personas mientras ignoramos la viga de los nuestros (cfr. Mateo 7:5).

Si nos comprometemos a poner en práctica la novena lección y buscamos pacientemente lo bueno de las personas y de las situaciones, comenzaremos a valorar cada vez más lo que tenemos en común. Esta base común se irá expandiendo a medida que, de formas nuevas y dinámicas, logremos una mejor comprensión de las perspectivas y de los puntos de vista de los otros. Estamos de acuerdo en muchos más que en lo que no estamos de acuerdo y aun así nos precipitamos a discrepar.

Comencemos hoy a desarrollar el hábito de buscar lo bueno en todo y todos. Eso no implica que siempre lo encontrarás. De vez en cuando, te sentirás decepcionado. Pero deberíamos aspirar a que ésta sea nuestra primera inclinación, nuestra posición predeterminada. En la mayoría de los casos, me parece, encontramos lo que andamos buscando. La otra opción está plagada de problemas tanto personales como interpersonales. Si no vamos buscando el lado bueno, entonces constantemente andaremos buscando el lado negativo de todo y todos. Esta actitud engendra enfermedad, una inquietud y un descontento que tarde o temprano se manifiesta en nuestra vida ya sea como un problema de salud, la ruptura de una relación o insatisfacción laboral. Tarde o temprano, todo en nuestro interior busca expresarse externamente.

¿Es fácil fomentar esta actitud de buscar el lado bueno? No. Pero es posible. No busquemos lo que resulta fácil. Busquemos con valor lo que es posible. Y con el tiempo y con la práctica, todos los buenos hábitos se vuelven más fáciles de ejecutar. Ralph Waldo Emerson escribió: "Aquello en lo que persistimos en hacer se vuelve más fácil—no es que la naturaleza de la tarea haya cambiado, pero nuestra habilidad de hacerla ha aumentado". Esta verdad puede ser aplicada a cada una de las nueve lecciones.

Pacientemente busca lo bueno en todo y en todos. Entre más lo busques, más lo encontrarás. Entre más lo encuentres, más lo emularás. Entre más lo emules, más inspirarás a los otros a alcanzar y a apreciar todo lo bueno, verdadero, noble y bello en esta vida y en los demás.

BUSCA PACIENTEMENTE LO BUENO EN TODOS Y EN TODO

*Pondré en práctica la novena lección para descubrir
el sueño de Dios en mi vida, a través de los siguientes pasos:*

1. Voy a estar atento al tiempo y a la energía que gasto en preocuparme. Cuando me dé cuenta de que estoy preocupado u obsesionado en una determinada situación, trataré de apartarme y tranquilamente me haré las siguientes preguntas: ¿Hay algo que pueda hacer acerca de esta situación? ¿Qué lección puedo sacar de esta situación? Si puedo hacer algo positivo, lo haré inmediatamente. Si la situación está enteramente fuera de mi control, confiaré en Dios y me rendiré a cualquier virtud que pueda ganar a través de esa experiencia.

2. Al empezar cada mañana, "iré con la corriente" y alimentaré esta actitud a través de las diversas situaciones que surgen en el transcurso del día. Tendré presente que difícilmente las cosas salen como uno espera y, por consiguiente, no me enfrentaré a las situaciones con expectativas rígidas sino con una curiosidad sana respecto a los resultados. La incertidumbre será mi amiga.

3. Lograré la primera victoria del día al salirme de mi cama apenas suena el reloj despertador. Una vez que me haya levantado y alistado, me daré un espacio para reflexionar en el día que tengo por delante y recordaré qué es lo que más importa. Resistiré la tentación de que mi yo orientado a la tarea me empuje a comenzar mi día precipitadamente. Me conectaré con mi yo reflexivo empezando el día paulatinamente.

4. Buscaré lo bueno en todo y en todos. Con el pasar de los días, buscaré activamente el lado bueno en la gente y en las situaciones. Cuando encuentre cosas buenas lo celebraré elogiando a las personas y expresando mi aprecio. De vez en cuando haré una pausa para reflexionar en todo lo bueno que hay en mí y todas las cosas buenas que he hecho en y con mi vida. Hay momentos para reflexionar sobre las maneras en que puedo mejorar, pero recordaré que este no es uno de esos momentos. Este tiempo lo dedicaré exclusivamente a celebrar la bondad en mí y las formas en que he compartido esa bondad con los otros y el mundo.

5. Veré cada momento de cada día como una oportunidad de compartir el amor de Dios y la bondad con cada persona que cruza mi camino.

Epílogo

En casa

Me encanta lo que siento al regresar a casa. Por más de una década pasé más de doscientos cincuenta días al año viajando. Hoy día son alrededor de cien, así que experimento esta sensación con frecuencia. No importa si he estado fuera por un par de días o un par de semanas, es maravilloso regresar a casa, a tu propio santuario. No hay nada como la sensación de estar de vuelta en casa.

Habiendo crecido en Australia, nunca me imaginé que iba a vivir en ningún otro lado, pero después de haber vivido en los Estados Unidos por muchos años, puedo decir que aquí está mi vida ahora—éste es mi hogar. No deja de ser increíble ver el puerto con su puente, la sala de ópera y el paisaje de la ciudad al volar a Sídney para visitar a mi familia y a mis amigos que viven en Australia. Los quiero muchísimo y me encanta estar ahí, pero después de un par de semanas comienzo a inquietarme por regresar a mi vida aquí en los Estados Unidos.

La felicidad es sentirnos a gusto, como en casa, con nosotros mismos, con quienes somos y dónde estamos y lo que estamos haciendo.

Es ese sentimiento cálido y agradable característico de los lugares que nos son familiares y de la acogida que nos brindan los buenos amigos.

Sospecho que, si podemos rescatar esa sensación de habitar en un lugar íntimo y acogedor, si podemos fomentar ese sentimiento de bienestar interior, el resto son solo detalles.

¿Por qué crees que tenemos emociones tan fuertes alrededor del regreso a casa? La razón es simple y clara: Simplemente estamos aquí de paso a través de este lugar que llamamos la Tierra. Este no es nuestro hogar. Somos peregrinos que vamos de viaje a una ciudad eterna.

Entonces permíteme dejarte con este único pensamiento. Dios tiene un increíble sueño para ti, Él quiere que llegues a ser todo lo que tenía en mente para ti cuando te creó: la mejor versión de ti mismo.

Toma en serio el sueño que Dios tiene para ti y rápidamente te darás cuenta de otra verdad: Quien sea o lo que sea que no te ayude a llegar a ser la mejor versión de ti mismo es muy pequeño para ti.

Permite que esta idea sea tu guía. Lo que sea que te esté deteniendo para llegar a ser la mejor versión de ti mismo, déjalo, sácalo de tu vida . . . y lo que sea que te ayude a llegar a ser la mejor versión de ti mismo, asúmelo con todo tu corazón, tu mente, tu cuerpo y tu alma. Si vas a ser feliz, será como tú mismo, no como una segunda o tercera versión de alguien más. No como alguna otra persona quiere que seas, espera que seas o como desearía que fueras. Si vas a encontrar felicidad en esta vida será como el ser maravilloso y único que eres.

Espero que hayas disfrutado

Plenamente TÚ

Ha sido un gran privilegio escribir para ti.
Que Dios te bendiga con un espíritu devoto y
un corazón lleno de paz.

MATTHEW KELLY

Ya sea que hayas recibido *Plenamente tú* como un obsequio, que te lo haya prestado un amigo, o lo hayas comprado, nos alegra que lo leyeras. Pensamos que concuerdas con nosotros en que Matthew Kelly es una de las voces más refrescantes de nuestro tiempo, y esperamos que compartas este libro con tu familia y amigos.

Si deseas saber más acerca de Matthew Kelly y de su trabajo, te invitamos a visitar:

www.MatthewKelly.com

¿ESTÁ HAMBRIENTA TU ALMA?

En el Católico Dinámico nos apasiona alimentar tu alma. ¡Visita DynamicCatholic.com para obtener libros gratis, CDs, apps, y programas! Todas las semanas tenemos algo nuevo para alimentar tu alma.

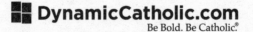

DynamicCatholic.com
Be Bold. Be Catholic.®

Sobre el autor

Matthew Kelly ha dedicado su vida a ayudar a las personas y a las organizaciones a llegar a ser la mejor versión de sí mismas. Nacido en Sídney, Australia, comenzó su trayectoria como conferencista y escritor cuando aún era adolescente y cursaba su carrera universitaria en negocios. Desde entonces, millones de personas han asistido a sus presentaciones en más de cincuenta países.

Hoy día Kelly es un conferenciante, autor y consultor de negocios de reconocido prestigio a nivel internacional. Sus libros han sido publicados en más de veinticinco idiomas y han figurado en las listas de los libros más vendidos del *New York Times*, *Wall Street Journal* y *USA Today*, con más de veinticinco millones de ejemplares vendidos.

Kelly es el fundador y propietario de *Floyd Consulting*, una firma de consultoría corporativa que se especializa en potenciar el compromiso de los empleados. Floyd ofrece numerosas experiencias de capacitación junto con diversas oportunidades de asesoramiento para empresas de todo tamaño.

Kelly es también el fundador de *Dynamic Catholic*, una organización sin fines de lucro con sede en Cincinnati cuya misión es revitalizar la Iglesia católica en los Estados Unidos. Dynamic Catholic está redefiniendo la manera en que los católicos son formados e inspirados.

En un momento en que el sector editorial tradicional está atravesando por un período de transición y turbulencia, una de sus pasiones es poder brindar a otros autores una oportunidad de realizar sus sueños. Esto lo hace posible a través de *Beacon Publishing*, editorial de la cual es fundador y presidente ejecutivo.

Entre sus intereses personales están el golf, el piano, la literatura, la espiritualidad y el pasar tiempo con su familia y amigos.

¿ALGUNA VEZ TE HAS PREGUNTADO CÓMO PODRÍA LA FE CATÓLICA AYUDARTE A VIVIR MEJOR?

¿Cómo podría la fe ayudarte a encontrar una mayor *dicha* en tu trabajo, a *administrar* tus finanzas personales adecuadamente, a *mejorar* tu matrimonio o a ser un *mejor* padre o madre de familia?

¡HAY GENIALIDAD EN EL CATOLICISMO!

Cuando vives el *catolicismo* según su designio, cada área de tu vida se eleva. Puede ser que te suene demasiado simple, pero se dice que la *genialidad consiste precisamente en tomar algo complejo y simplificarlo.*

Dynamic Catholic se inició con un sueño: ayudar a la gente común a descubrir la *genialidad del catolicismo.*

Estés donde estés a lo largo del camino, queremos ir a tu encuentro y caminar contigo, *paso a paso,* ayudándote a descubrir a Dios y a convertirte en *la mejor versión de ti mismo.*

Para encontrar otros valiosos recursos, visítanos en línea en DynamicCatholic.com.

■ Dynamic Catholic

ALIMENTA TU ALMA.